JN240359

キリスト教の啓示に直面する哲学的信仰

Der philosophische Glaube angesichts der christlichen Offenbarung

Karl Jaspers

カール・ヤスパース

岡田聡【訳】

作品社

キリスト教の啓示に直面する哲学的信仰

キリスト教の啓示に直面する哲学的信仰◯目次

凡例

・底本は、ヤスパースの１９６０年の論文 „Der philosophische Glaube angesichts der christlichen Offenbarung“ In: Philosophie und Christliche Existenz. Festschrift für Heinrich Barth. Zum 70. Geburtstag am 3. Februar 1960, herausgegeben von Gerhard Huber, Helbing & Lichtenhahn, 1960, S. 1-92 である。以下、PGcO と略す。また、本論文に加筆・書き換え・削除がなされ、１９６２年に著書 Der philosophische Glaube angesichts der Offenbarung, Piper, 1962 が刊行された。以下、PGO と略す。

・訳文の上方の数字は、右の底本の大体の頁数を示している。

・PGO において対応する箇所を［PGO］で示した。

・PGO において削除がなされた箇所を太字で示した。

・原註は◆、訳註は▼で示した。

・聖書からの翻訳は、聖書協会共同訳を参照した。略語も同書による。

・［］内は訳者による補足である。

・〈〉は語句の区切りの明確化のために訳者が付加したものである。

・f. と ff. は「及び次頁」と「及び次頁以下」を意味する。

・vgl. は「参照せよ」を意味する。

啓示信仰は、1500年間の支配のあと、絶えず弱くなっていった。啓示信仰は、公然と放棄されているか、外見上は慣習的な姿（ダーザイン）を隠しているかの、いずれかである。啓示信仰がかつては魅了した霊的なちからをなおももつことは、まれである。確かに、こんにち、啓示へと回帰する傾向が、存在する。［しかし、］啓示を信じたいが、やはり、ほんとうには信じられないとき、藁にも縋る思いで［信じようとして］いるかのように、時には見えることもある。

世界において私たち皆の生存（ダーザイン）がそれらに左右されるところの問題は、人類の問題になった。それらの問題は、もはや西洋のものであるだけではなく、キリスト教のものであるだけではない。人類の少数が、彼らの言明によれば、キリスト教の啓示信仰を信奉している。しかしながら、キリスト教の啓示信仰は、その従来の形姿では、万人を結びつけうるであろうエートスを実現することができない。

3

しかし、人類の存続のために絶対に必要であるのは、一切の人間が、自らの信仰の伝承の歴史的な形姿とかかわりなく、相互に出会いうるであろう地盤を見いだすことである。そのためには、私たちが共同して求めうる思考法と根本知の明瞭さが必要である。この明瞭さと、それへの意志が、人間のあいだの限界のない交わりを可能にする。この交わりにあれば、ほかの根源にもとづいても、正直に様々に信じて生きることがなされうる。

以下の考察は、啓示信仰と哲学にかんして何世代にもわたりおこなわれている省察に属している。こんにち先鋭化された状況下で、その考察が注視したいのは、啓示信仰が崩壊しても、決して、ニヒリズムが不可避でないところや、むしろ、これまでも、また、いつまでも、哲学がその根源から教示するものがのこるところである。

啓示を信じられない者は、その可能性を、決して、そもそも否認することをしなくてもよい。同様に、啓示信仰の喪失にさいして、聖書の永遠に真理な内実も喪失することは必然ではない。

現代の人類の精神的、政治的な状況下で、聖書宗教と哲学の変革が必然であることが、私たちにとって、ほとんど自明であるように思われるとしても、やはり、ここでの以下のような考察は、決して、それだけではこの変革それ自体ではない。しかし、その考察は、変革するちからを鼓舞することを手伝う。このちからは、数えきれない人間のなかに隠されており、思うに、もはや、預言者や指導者、英雄、創唱者に由来せず、いたるところにいる人間、相互に出会う個人、匿名の行為と発言において現実的になる。

第1章　理性と信仰の旧来の対立は、本質的なものをもはやとらえない

第a節　啓示信仰の思考における状況

啓示への信仰は、世界における事態として存在する。しかし、啓示が何であるのかを理解するのは、信者だけである。哲学は、啓示を理解することができない。しかし、哲学は、ソクラテス以来、哲学的に思考する人間に、その人間が理解するものとしないものを区別させる。だからといって、その人間が理解しないものを、その人間は、否定せず、どうでもよいものとして無視しなくてもよい。

1．啓示の概念

哲学的に思考する人間は、すくなくとも、［自己にとっては］理解されないものを他者にとっては

4

現に存在する何かとして、外から再認識することができるであろうか。啓示は、非信者も問うことができるこの意味においては、何であるのか。啓示の事実(レアリテート)▼1は、外からは、次のように見える。すなわち、

啓示は、空間と時間における、特定の場所で史実的に局在化された、神の直接的な伝達である。啓示は、一種の現実(ヴィルクリヒカイト)であり、[一方で、] この現実の一面は、世俗的な歴史に属しているが、他方で、それは、それ自体、聖なる歴史である。信者にとっては、世俗的な歴史と、聖なる歴史は、一致する。それゆえ、信者は、歴史の伝承にもとづいて、事がどうであったのかを知ろうとする。信者は、事実を念頭においているが、しかし同時に、信者は、事実のなかで、史実的なものが不確実で不明瞭になるとしても、現実としてのこる全く別の何かを、念頭においている。それゆえ、信者は、啓示がそれに存在するとされるとき、史実的に事実的なものに対して大きな関心をもち、同時に、啓示それ自体が問題であるとき、この事実的なものを重視しない。というのは、啓示は、信じられるからであり、史実的な証明によって知られるわけではないからである。

啓示における神の直接的な伝達は、人間から人間への伝達のように、事実として現に存在するならば、確かに、ほかの史実的な事態のように、多少なりとも文書的に証明されうるであろう。しかし、啓示における神の直接的な伝達は、信仰にとってだけ、現に存在するので、はじめから、人間の直接的な伝達とは根本的にことなる性格をもたなければならない。それは、一種の現実であるが、確かに、この現実は、現に存在しないので、それを信じることは、(この信じうる(グラウベンケネン)ということが、自由にならず、それ自体、自らを啓示する神によって与えられるにもかかわらず、)信仰の「功績」である。

しかし、啓示の現実は、やはり、事実として現に存在しもするので、それを信じないことが、（この信じえないということ（ニヒトグラウベンケネン）が、信じうるということを与える神の恩寵の欠如に拠るにもかかわらず、）人間の「罪責」である。

　しかしいまや、時間と空間のある場所での神の直接的な伝達としての——しかしやはり、比類のない伝達としてであるならば、他方では、直接的ではない——啓示というこの一般的な規定は、全然十分ではない。

　第一に、類概念こそが、様々な啓示をそれのもとに従属させることを可能にするであろう。しかし、そのことを、キリスト教の啓示信仰は、許容しない。キリスト教の信者にとって神の恩寵によって信じることが可能である伝達は、類概念を打ち破る。この唯一の固有の啓示だけが、真なるものとして、承認されるが、しかし、様々なほかの「啓示」は、本来的な啓示的性格が、否認される。

　第二に、啓示は、教会の内部で信じられている。信仰は、祭儀団体（クルトゥスゲマインデ）の要素であり、この祭儀団体において、神は、仲介物によって、あるいは、それ自体、この場所でこの時間に、また、祭司によってや教団によってなされる儀式において、現前的である。［確かに▼2］そのことは、あらゆる宗教の根本性格である。祭儀団体をもたない啓示信仰は存在しない。しかし、キリスト教の祭儀団体は、特定のサクラメントと特定の言葉の宣教によってや、定式化された信仰告白によって、性格づけられている。

　第三に、キリスト教の教会は、唯一の特定の啓示によって逆説的に根拠づけられているということによって、時間のなかにあり、また、時間を超えてある。教会が時間のなかにあるのは、人によってではなく、神によって、特定の時間に設立されるからである。教会は、伝道によって、人が住む広大な空間へと拡大されており、つねにあたらしい団体において、組織されている。つまり、教会は、歴史をもち、歴史（伝統）に関係し、使徒の最初の召命以来、任職された代表者（司祭、牧師）の特殊な全権（権威）を管掌する。しかし、このキリスト教の教会は、同時に、時間を超えてある。というのは、キリスト教の教会は、時間のなかで、時間と歴史の終末の先取りだからであり、（終末論的な意識によって支えられているからであり、）信者を、この世界に由来しない永遠の王国に親しませるからである▼[3]。この王国は、世界の終末と世界の審判として、急に現れるであろう。しかし、この王国は、共同、聖堂、聖儀、宣教の感性的な現実において、すでに現に存在してもいる。[PGO 103-105]

それらのすべてを、私たちは、啓示信者から聞き知る。合理的な思考に対しては、すぐさま、矛盾が示される。しかし、これらの矛盾は、それ自体、信仰の要素になり、（テルトゥリアヌスの〈不合理ユエニ我信ズ〉▼[4]からキルケゴールの〈逆説〉や〈不合理なものによる信仰〉▼[5]へといたるまで、）増大され意識される。啓示は示（オッフェンバーレン）す、しかし、隠（フェアベルゲン）すようにして、である。[PGO 106]

確かに、人は、啓示はやはり根源において把握されなければならないと、考える。しかし、どれほどさかのぼられたとしても、私たちはそれを、人間の言葉で聞き知る。啓示は、その理解から、区別される。[確かに、]人は、使徒の最初の宣教（ケリュグマ）において、啓示をもつと思い、啓示は、神の言葉として、服従を要求し批判を黙認しない。しかし、私たちが聞き知るのは、ケリュグマの理解は神学であり、神学は批判と議論を許容し要求する、ということである。ケリュグマは、人間の言葉で伝達されるので、それ自体、すでに理解であり、ゆえに神学である。神学は、ケリュグマと結びつけられているので、神学それ自体のなかに、服従を要求するものがある。服従されなければならないものと、批判的に議論されなければならないものの、境界は、規定されえない。それも当然である。というのもはじめから、宣教の第一文がすでに、啓示の人間的な理解の形姿をとるからである。しかし、ここで服従を要求するものは、一般的に理解されうる言葉の彼方にあり、手前にある。それは、ケリュグマの啓示において、すでにはじめから、隠されている。それは、確かに、言葉で思念されるが、しかし、それ自体はこの言葉で伝達されえない基点である。

明瞭な啓示概念を、啓示信者は、獲得することができない。表明され定義されるものがとらえるのは、つねに、少すぎるか、多すぎる。しかし、適切に定義されえないものは、やはり、人間の信仰として現に存在する。

啓示信仰も啓示も、対象や、思考の産物、人工的な形成物のように、また、世界のなかで見られる物事のように、あつかうことができるような一義的に規定されうる事態ではない。それゆえ、啓示信仰による衝撃（ベトロッフェンハイト）は、人間の秩序、芸術の産物、哲学、科学、制度などの内実による衝撃とは、根本的にことなる。［PGO 55］

2. 啓示概念の緩和への反対

理解するものと理解せぬものを区別する理解する者にとって、いまや決定的であるのは、理解されないものが、その者にとって、何ものでもないわけではないということである。理解されないものが、その者に衝撃（ベトロッフェン）を与えるのは、とりわけ、啓示信仰が、その者にとってすぐれた愛すべき人間たちにお

いて、数千年来、現実であり帰結をもつときである。［PGO 106］

私たちに信者によって伝達されるような啓示（オッフェンバールンク）の概念は、緩和され、親しませられ、仮象的な理解において近づかせられてはならない。キリスト教の啓示の緩和は、そればかりか、平均化は、洞察や文学的、芸術的な創造におけるあらゆる物事の「開示（オッフェンバールヴェーアデン）」との同一視であり、さらに、歴史における人間の精神の巨大な一歩のようなものとの、予感されえず回顧においても把握されえない人間の根本態度のあたらしい出現との、同一視である。中国、印度、ペルシアにおいて、ユダヤ教、キリスト教、イスラムにおいて、特殊な事例をもつ宗教的な啓示という類概念もすでに、緩和である。

［PGO 105］

緩和は、啓示信者も、この意味では信仰しない実存も、混乱させる。ここには、キルケゴール的なあれか‐これかがある。すなわち、無条件に告白しなければならないのは、私が啓示を信じないということである。そのことは、確かに、真の啓蒙の決して完成されない過程によって制約されているが、しかし、神性それ自体の現実において自らの本質的な根源をもつ。どのように神性それ自体が経験されうるのかは、それ自体が人間の産物であり、それゆえ、誤謬にみちた聖書によって、プラトンとスピノザとカントによって、意識された。それらを基準として、――決定的には、史実的にではなく事柄的に正当に理解された聖書を基準として――、私は、啓示を信じようとする動因をもたず、啓示を何らかの与えられた形式において現実として経験することによって、啓示を信じるということを告白しようとする衝動をもたない。そうではあるがしかし、驚くべきこの、啓示信仰の現象を、繰り返し見て、問い、空しくも理解する動因が、存在する。というのは、啓示信仰という事態による衝撃は、ぬぐいがたいからである。真剣に、啓示信仰の実践的な帰結が、生の実践において、もたらされるかぎり、その衝撃はのこる。ほかの形姿では、啓示信仰は、人間の配慮の対象としてや真実さへの教育としてだけ、重要性をもつ。というのは、信仰告白それ自体は、まだ全く何も意味しないからである。
[PGO 105-106]

3．啓示信仰へのわれわれの態度の段階

外面的な事態が、**私たちにとって**、**存在する**。**啓示**は、**若干の人間**によって、**主張され信仰される**。**種々の啓示の主張**と、**特殊にキリスト教的で排他的な啓示の主張**が、**存在する**。**同一の啓示**が、**教派や神学者**によって、**様々に解釈される**。**固有の解釈にもとづいて**や、**魂の救い**がそれに**左右される**とされるところの、**真理だと勘違いされた信仰の認識**にもとづいて、**神の名において**、**人間が疑われ**、**排除され**、**殺され**、**戦争がなされた**。**聖書の啓示信仰**がたがいにときおり**生死**をかけて**あらそう形姿**へと**崩壊すること**が**起こり**、その**結果**、**広がった炎が消え**、**弱々しい信心**がなおも**現実的なちからを世界のなかでもつことなくのこる**。そのような**弱々しい信心**がつづくかぎり、それは、**生の実践**にとって、たいてい、しかしつねにではないが、どうでもよい、**精神的・神学的な不寛容**になるか、**助けと確かさを要する寛容**になるか、**市民的な因習**になる。（この**市民的な因習**においては、**自己自身を理解しない信心**は、**不安**のなかで**秩序づけられる生活**（ダーザイン）の**慣習**に**属する**。）しかし、そのことがすべてではない。**疑いえない事態**であるのは、**啓示信仰**の**この世界**において、まれにではあるが、――とくに**カトリック的な信仰**において、また、ときに**プロテスタント的な信仰**において――、**かぎりない善意**や、**純**

粋な精神の光り輝くちからを有する人間も、存在するということである。これらの人間は、――その活動的な愛が、暴力の事実のなかで悪意に屈服するときには、自らの生活（ダーザイン）の全体のひそかな禁欲においてや、命を賭すことにおいて――、恐れを知らずに自らを犠牲にする。

啓示信仰は、西洋を支配した。啓示信仰は、どのようにそれが世界のなかで現れ働くのかを、悪い意味においてと良い意味において示した。前者の多くの恐ろしい現象によって、啓示信仰は、数世紀を満たした。［しかし、］後者の良いことが、［かつて］現に存在し、なおも現に存在するので、前者の多くの恐ろしい現象にもとづいて、啓示信仰を拒絶することは、十分ではない。私たちは、突き放されているとしても、やはり、直ちに再び、啓示信仰を有する人間に見られる内実によって、心を打たれる（エアグリッフェン）。私たちが理解しえないものを、私たちは尊重する。啓示が、私たちにとっては、存在せず、それを、私たちが、期待も待望もしないとしても、私たちは、ほかの人たちにとっての啓示の可能性を、否定しない。啓示信仰の事実（ファクトゥム）によって私たちが心を打たれていること（エアグリッフェンハイト）を、私たちは、啓示信仰それ自体と混同しない。

人間として共に私たちが現に存在するという根本事態は、のこる。すなわち、私たちは、共同して、一つの絶対的な真理においてあるのではなく、また、一つの唯一的な啓示信仰においてあるのではない。私たちは、様々な勢力の争いのなかに立つが、それらの勢力を、私たちは、それらの根底において知るのではなく、外のある観点から概観するのではない。

啓示信仰をもたないが超越者に関係するちからも、私たちは知られたもののようには知らない。私たちは、隠された超越者に助けられ、もしかすると、――そのつど、我意をもたず、盲目ではなく、熱狂をせずに、聞くことの明るさにおいて――、私たちが欲しそれのために生きるものを知ることにいたりうるかもしれないが、根拠づけにさいして、超越者を持ち出してはならない。宇宙における私たちの位置において私たちがそれであるところのものや私たちがそれであるべきであるところのものは、私たちには、固有の歴史性において示される。私たちが経験し、選択し、決意しており、それの決意を実現するところのものの継続において、私たちは、自らの歴史の中心に忠実でありえ、そのことにより自己自身でありえ、信頼されてありうる。私たちは、それを、――それから私たちがいまこのために私たちが欲するものを導き出しうるところの――一般的なものとして、十分には知ることができない。

しかし、様々な勢力の争いのなかに立っていることを知っているということは、全然十分ではない。人間として、私たちは、［ほかの］人間とともに生きており、あらゆる人間と世界のなかで共生しなければならない。啓示信者から私たちが聞くのは、自らのための、自らの敵に対する、恐ろしい主張である。彼らは、自らの行いと考えのために、神の意（ヴィレ）を持ち出す。「神がそれを望むであろう（ゴット・ヴィル・エス）」▼6。そのことは、彼らの決意に、それなしには本質的なものがなされえない無言のちからを、与えるだけではない。むしろ、そのことは、自己のための弁明としてや他者に対する要求として、表明される。

ここには、踏み越えられないあれか‐これかが存在する。幸運にも私たちがここで見るのは、啓示信者の一部だけがそのような態度をとる、ということである。そのことがなされるところでは、非人間的な深淵が開く。「信仰の闘士と語ることはできない」▼7。しかし、この深淵は、実際的には、啓示信仰と哲学的信仰のあいだのそれではない。（根本的にもそうではないことを、私たちは疑いつつ望みたい。）それは、啓示への信心にも人間のほかの状態にも存在する。

人間の課題は、現存在においては、相互に全面的に根絶することなしに共生することであり、精神的な現実においては、相互に出会い相互に内的に関係し衝撃を与えられていることであり、聖書の戒律がそうであるように▼8、あらゆる異質なものを超え出て相互に愛し合えることである。これらの課題を承認する者は、啓示信者と哲学的信仰者のあいだに、ある共同が可能だと、見なす。啓示信者と哲学的信仰者は、相互に拒絶しなくてもよい。

　哲学的信仰において、人間は、たとえば、次のように自らに言うことができる。私が創造したのではなく、私の人間的な基準にとってかくも徹頭徹尾あいまいであり、私が全面的に見渡し把握することができない世界において、私が信頼を得るのは、私が良心と愛に従う程度に応じて、良心が私の内面において要求し、愛が私を動かすからである。これらは、現実的である。確かに、良心の声は、客観的に妥当的に経験されており、端的に義務づける。しかし、良心の声は、直接的には、神の声ではない。確かに、愛は、神により望まれた（ゲヴォルト）唯一の愛としては、根拠づけられえない。しかし、良心と愛とともに、私は、世界と私の自由の根拠としての超越者の前に立つ。しかしやはり、超越者は、——啓示信者によると啓示信者に答えるので、啓示信者が神がそのつど望む（ヴィル）ものを知るのとは違い——、哲学しながら生きる人間には、答えない。私たちが、人格的な意志（ヴィレ）としての神についての信仰の表象を、暗号の言葉として浮動させつつ、自分のものにするならば、信頼は（「だが神はいつも変わらず私たちと結ぼうとしたまう（ヴィル）」▼9）、絶えざる自己吟味のあとで、内面において自己自身に対してだけ、表明されうる。すなわち、そのことが私によりなされるということ、そのことが世界に存在するということ、そのために私が生きるべきであるということを、（意志と目的は、有限な存在者だけのものであり、超越者のものではないにもかかわらず、）神は意志するのだ、と。しかし、暗号においてさらに述べるならば、神が望むものは、信頼されると同時に疑問視されつづける。私がなすべきことは、決して絶対に確実ではない。自らの責任にもとづいて、私はそれを見いださなければならない。私はそれを確信しているが、しかし、合理的な思い違いの危険を冒しているのみならず、実存的な思い違いの危険も冒している。私が正直に努力したならば、――そのことを十分になしたということを、私が知ることは、決して許されないが――、私は以下のことを信頼する。それは、私が超越者においていわば「受け入れ（アンゲノメン）」られたということであり、世界におけるあらゆる厄災や私自身の疑わしさにもかかわらず、そこには護られていること（フェアヴォルゲンハイト）があるということである。

啓示信者は、より多くを知っている。しかし、啓示信者が、自らをあらゆる人間と結びつけることができるのは、一般的に人間的な媒介、つまり、限りない交わりを、――悟性の根拠、理性の動因、実存的な可能性の覚醒とともに、前進しながら――、承認するときだけである。そのとき、帰結は以下である。すなわち、自らの啓示信仰を、啓示信者は、自由な宣教においてだけ、伝達するであろうが、しかし、要求をもたずにであり、まして、――武器によっての脅迫による直接的な暴力においてなされているのであれ、苦境にある人間に、信仰を提供すると同時に、物質的な利益を提供することによってや、教派側からの政治的な情実人事によってなど、間接的になされているのであれ――、強制をもたずにである。自らの啓示信仰を、啓示信者は、決して、弁明や根拠づけとしては用いないであろう。というのは、啓示信仰は、外面的には、啓示信仰が啓示信者にとって内面的にはそれであるところのものであることができないからである。なぜならば、一人が、万人にとっての妥当性を要求しながら、「神がそれを望むであろう」と言う瞬間に、交わりは絶たれているからである。そのとき、一切の人間を結びつける一般的な媒介は、放棄されている。（私が正しくルターについて覚えているならば、）恐ろしい言葉がのこされている。「私たちは、共に語ることはできず、共に祈ることはできる」▼[10]。恐ろしいのは、その言葉が、――実際はやはり、世界における人間の法廷によってだけ代理される――唯一の神への従属のために、人間的に可能なものを放棄するからであり、また、その言葉が、――互いに対して、あまりにしばしば過去において暴力だけを経験した――様々な信仰の集団に、祈る者らを引き離すからである。すなわち、彼らは皆、祈り、また、打ち殺し合う。彼らは皆、神に仕え、いかなる集団も、自らのためにだけ神を要求する。

第b節　自然理性とは何かという問い

われわれの問題を覆い隠すのは、自明性であり、この自明性をもって、人は、自然理性についてとキリスト教について、両者が何であるのかが確定しているかのように、語る。

1.

啓示信仰、あるいは、それにとって確実な啓示は、非自然的であるのか、反自然的であるのか、超自然的であるのか。

対置が可能であるのは、人が、「自然」と自然ではない「啓示」をどのように理解しているのかを、知っているときだけである。区別は、啓示信仰の側から考えられている。

かくして、啓示神学は、自らの敵と無関心者を、カテゴライズした。これらのカテゴリーの形態において、啓示神学は、自らの敵と無関心者を攻撃する。しかも、これらの敵は、［啓示神学によれば］それらによって彼らが的確に性格づけられているとされるところのこれらのカテゴリーを、時には自ら軽率に受け入れる。すなわち、

［啓示神学によれば、］彼らは、思考それ自体においてや、悟性において、世界の認識において、理性において、存在の思弁において、存在している自然的なものへと制限される人たちである。そのとき、存在の思弁は、自然神学と呼ばれる。しかし、この自然的なものの全体は、自己自身を満足させようとするとき、絶望的である。啓示がそれであるところの、また、啓示において与えられ信仰において捉えられるところの、超自然的なものにおいてはじめて、（しかも、世界において語る全権への服従においてはじめて、）救済が存在する。そこからはじめて、［一方で、］自然的なものの全体も把握され、他方で、信仰する服従は、歴史的に一回的な預言者や使徒に、呪術的な能力を職務的に付与された教会の司祭の永続的で伝承的な権威に、従属する。この教会は、しばしば、いたるところではないとしても、究極的な基礎である。（「カトリック教会ノ権威ガ私ヲ動カサナケレバ、私ハ福音書ヲ信ジナイデアロウ」◆1〇）

◆1 Augustin, Migne 8, 176［Augustin: Contra epistolam Manichaei quam vocant Fundamenti 5, 6.（アウグスティヌス「基

本書と呼ばれるマニの書簡への駁論」、『アウグスティヌス著作集』第7巻所収、岡野昌雄訳、教文館、1979年、109頁。)」

2.

しかし、それ自体から考えられるような「自然」は、何を意味するのか。その概念の多義性は、ストア哲学に由来する。その概念は、人間においてある一切と世界においてある一切、当為と存在、必然と自由、ロゴスを、包括する。ロゴスは、神性と一体で、気息(プノイマ)として世界を貫流し、思考においてと実践において、人間としての人間に、人間自身が神的自然(ゴットナトゥーア)の作用と部分としてそれであるところのものによって、理解されうる。この自然概念は、一切を包括するものであった。この自然概念は、自らの外に何も残さず、ほかの可能性を知らなかった。自然と超自然の対立としてキリスト教神学において生じるものも、それ自体、この唯一の「自然」に存在している。ストア派は、宗教的な祭儀、呪術、予言の可能性を、自然(ナテューアリヒ)として把握したと考えた。

ストア派のこの存在解釈を真の存在解釈と見なすつもりはまったくないとしても、やはり、私たちは、ここに、かくも不確かで一切の対立を内に含む一般的な自然概念の史実的な由来を見て取る。私たちは、以下の命題だけを我が物にする。すなわち、哲学することにとって理解されうるのは、人間一般に世界のいたるところで理解されうるものである、なぜならば、人間一般は、人間と一切の存在と世界に開かれているからである。

それに対して、啓示信仰を有する神学が考えるような超自然は、実際には、人間としての人間のなかに据え付けられていない。神が時間と空間における位置において自らを啓示することによって、啓示は、外から来る。神が、世界において、この場所とこの時間と史実的に現に存在したこれらの人間への関係を獲得するときをのぞいて、また、人間が、この関係において、転換（ベケールンク）を意味する、回心（ウムケーア）のかの様態に行き着くときをのぞいて、人間は神を見いだしえず、神は自らを人間に決して啓示しない。この転換は、地球上のほかの人間には、――外面的にも（彼らが決してそれについて聞き知らないので）――、知られないままであるか、――この事象がおどろきをもってまなざされながら［も］――、把握されないかの、いずれかである。心理学的な理解は、遠くに及ぶにもかかわらず、やはり、それがここでとらえるであろうのは、以下のものの全く多くの逸脱物か全く偽りの代理物だけである。それは、核においてなされた、また、なされるものや、私たちが、――尋常ならざる、私たちにとって把握されうる、数千年の継続的な現実に直面し――、私たちにとって完全に疎遠にとどまるとしても否認することができないものである。私たちがときに、それを、やはり心理学的な説明によって、世界史的な錯覚として解消する傾向を、もつようになるときには、（なおも私たちがかくもしばしば、キリスト教的と呼ばれる現実や、啓示を信仰すると主張する人間に対して、正しいことを言うとしても）私たちはすぐに、自らの失敗を感じる。

3.

いずれにせよ、以下の事実（ファクトゥム）がのこる。すなわち、私たちが把握しないこの核は、その普遍的な主張にもかかわらず、実際には、教会的に組織化されている人間の集団に制限されている。その人間の集団は、世界の一切のほかのものと区別される、自らの信仰の内実や、それと連関する自らの宗教的儀式の、特殊に聖的な性格を、主張する。

そのさいなされるのは、護教的、論争的な思考においてや自らの信仰の認識の構築において、啓示信仰の神学が、それが「自然的」と呼ぶ哲学から、自らの思考の形式の殆どや自らの実存的衝動の多くを借用する、ということである。というのは、この自然的な思考において超越者、神性、包括者、現実を意味し、ギリシア哲学のはじまり以来の崇高な思想の操作において言及されたものを、啓示信仰の神学は、自らの財産と見なすからである。そのとき、神学は、自らの敵を、より低い段階に立つものとしてや、半端な真理においてとどまり決定的なことでは真理をもたずとどまるだけのものとして性格づけがちである。この敵には、それ自身に固有であるものや、それの思考が神学によって受け継がれたところのものが、認められない。そのことは、キリスト教のはじめの数世紀とことならず、こんにちも、神学者によって非常に鋭利な表現で表明される。[PGO 106-109]

4.

そのことは、どのように可能であるのか。それは、哲学が視野からはずれたことによってだけであり、また、そのことに加え、哲学それ自体が、自らを忘却しながら、それにもとづいて人間が生きるところのものに、もはや応じないということによってだけである。つまり、哲学が、対象的で知識だと勘違いされたもののたんなる即物性や、充実させる内実をもたない際限のない議論、弱々しいもの、どうでもよいもの、人間によってなされる内的な行為のちからをもたず、全面的に心を打たれている根源をもたない思考に、逸脱するときである。

すでに一度、古代末期において、すなわちアウグスティヌスの時代において、事はそうであった。アウグスティヌスの真剣さに、哲学は当時は、——安易な合理的一般性、思想の際限のなさ、独断と懐疑において繰り返され、学校的な学説と学習のたんなる表現に陥りながら——、彼によって高い評価をうけた新プラトン主義的な思弁にもかかわらず、もはや応じることができなかった▼11。アウグスティヌスにおいて、哲学的な思考は、——年月の経過とともにますます彼をとりこにしたキリスト教の教義学にもかかわらず、この哲学的な思考によって彼の著作が満たされているが——、彼の新しい根源的な哲学のなかに、当時なおも生成の活気のなかにあったキリスト教の信仰によるいわば品種改良を見いだした。思考が再び真剣になったのは、思考がいまや、聖書の啓示と聖書の文書の範囲の全体に、由来したからである。

当時、哲学と神学は、——自然と超自然でさえ——、のちとはことなり、区別されなかった。すなわち、哲学と神学は、アウグスティヌスにおいてのみならず、スコトゥス・エリウゲナやアンセルムスにおいても、一体であった。啓示は、それ自体、自然的ではないのか。自然的なものは、それ自体、超自然的ではないのか。自然的な洞察（自然ノ光）は、それ自体、ある超自然的な根拠をもっている。自然的な認識と啓示の根本的な区別は、13世紀以降はじめて、最終的になされた。哲学は当時、一方では悟性的認識に献身し、他方では神秘に献身し、しだいに失われた。

いまや哲学の側が再び省察しなければならなかったのは、精神の、理性の、悟性の内的な証言が、認識のあらゆる段階と様態において人間にとって洞察と決断の唯一の根源でありえ、時間において最終的な法廷でありうる、ということである。世界において特定の場所で特定の時間に自らを啓示した神による「外から」が決定的であるのは、啓示信者にとってであり、人間としての人間にとってではない。哲学が、啓示信仰とその判断に直面し、いまや、分かるようにならなければならなかったのは、哲学が、かつてそうであったのとはことなり、啓示信仰と一体になりえない、ということである。[PGO 102-103]

5.

哲学とその事柄が、いま、「自然的（ナテューアリヒ）」と呼ばれるならば、そうした自然性（ナテューアリヒカイト）は、区別する概念においては、把握されえない。哲学は、区別された自然性の偽の狭さにおいて、死滅してはならない。自然的な人間が何であるのかは、未決定である。自然的な理性は、――有限な思考する感性的な存在者の様々な形式において、部分的性格をもつ正確な強制的認識をなしうる――意識一般の点としてのたんなる悟性によっては、汲尽くされえない。人間の「自然、すなわち本性（ナテューア）」はたんに、人間が生理学的、心理学的な探求可能性の対象としてそれであるところのものではない。人間の「自然、すなわち本性」はむしろ、人間の――「自らが」自らに贈り与えられることにおいて、実存として、世界をまなざし、暗号によって心を揺り動かされ、存在するものを洞察し、決意において決断する――本質である。

　啓示信仰を前にして驚き、それを自らには承認しない人間は、それから掲げられた要求を、啓蒙された悟性としてや、自らの所与の特殊な様態としても、拒否するのではなく、超越者への自らの実存的な関係にもとづいて、拒否するのである。超越者は、人間にとっては、――把握されえず、表象されえず、一切を包括するので――、暗号においてだけつねにふさわしくなく多様で無限に様々な様態で、表象されうる。神と呼ばれ、超越者の神性が同一ではないような、汝の人格は、そのような暗号である。この暗号によって、神性は、いわば、制限され把握され親しませられる。暗号の真理は、超越者の現実と混同されてはならない。というのは、私たちが可能的実存としてそれであるところのものの超越者への関係は、私たちが正道にあるか正道を探求するかし、そして信頼を獲得するとき、それにもとづき人間が生きるところのものであるからである。この超越者が、その現実によって、そのように信じる者に、拒むように思われるのは、ある場所と時間での神の人格的な啓示を、暗号とはこととなる何ものかとして受け入れることとである。神から出る、事実としての特殊な啓示は、そのように信じる者にとっては、神性それ自体と対立するように思われる。啓示信仰を斥けることは、神の喪失の帰結ではなく、哲学的信仰の帰結である。哲学的信仰は、それにとって近づかれえない真理や一切の人間の方を向く超越者の超然的な遠さに従って、暗号の多義性の運動のために、慰めになる事実的な啓示をあきらめる。この哲学的信仰は、多くの形姿において生じ、教義において権威にならず、――必然的に共に語ることはするが、しかし、必然的に共に祈ることはしない――人間のあいだの交わりを必要としつづける。〔PGO 109-110〕

第c節　キリスト教とは何かという問い

1．

以下のものが区別されうる。すなわち、第一に、自らが啓示を受けたと考える人間のものである啓示信仰（そのことはこんにちもありうる）。第二に、教会の権威によって承認され、保証される啓示信仰（あらゆる啓示は過去に存在する）。第三に、聖書の伝承にもとづけられ、啓示を神の特殊な行為の事実としてではなく暗号としてだけ信仰する聖書的信仰。

信仰の第一の形式は、キリスト教的であるのみならず、祭儀的、祭司的なあらゆる宗教に漠然とみられる要素としての、普遍的、心理学的、史実的な現象でもある。信仰の第二の形式は、啓示の思想を浮き彫りにし、排他性にかんして明瞭に規定するので、キリスト教の啓示だけが存在する。信仰の第三の形式は、啓示を必要としないが、やはり、歴史的には、聖書にもとづく。

2．

聖書にもとづけられ、東方教会と西方教会においてや、数多い教派において、友愛により行動し非教義的なクエーカーと狂信的なカルヴィニストにおいて、アッシジのフランチェスコと神の名において異端審問官として殺害をしたコンラート・フォン・マールブルクにおいて、現実的であるあらゆるものを、キリスト教は、包摂する。キリスト教の歴史的な空間は、西洋の全体や、それ以上を、包摂する。

われわれ西洋人は、すべて、キリスト教徒である。なぜならば、この空間において形成され、その

郵便はがき

料金受取人払郵便

麹町局承認

6918

差出有効期間
2026年10月
14日まで

切手を貼らずに
お出しください

102-8790

102

[受取人]
東京都千代田区
飯田橋2－7－4
株式会社 作品社
営業部読者係　行

【書籍ご購入お申し込み欄】

お問い合わせ　作品社営業部
TEL 03(3262)9753／FAX 03(3262)9757

小社へ直接ご注文の場合は、このはがきでお申し込み下さい。宅急便でご自宅までお届けいたします。送料は冊数に関係なく500円（ただしご購入の金額が2500円以上の場合は無料）、手数料は一律300円です。お申し込みから一週間前後で宅配いたします。書籍代金（税込）、送料、手数料は、お届け時にお支払い下さい。

書名	定価　　円	冊
書名	定価　　円	冊
書名	定価　　円	冊
お名前	TEL　（　　）	
ご住所 〒		

フリガナ
お名前

男・女　　　　歳

ご住所
〒

Eメール
アドレス

ご職業

ご購入図書名

●本書をお求めになった書店名

●ご購読の新聞・雑誌名

●本書を何でお知りになりましたか。

イ　店頭で
ロ　友人・知人の推薦
ハ　広告をみて（　　　　　　　）
ニ　書評・紹介記事をみて（　　　　　）
ホ　その他（　　　　　　　）

●本書についてのご感想をお聞かせください。

ご購入ありがとうございました。このカードによる皆様のご意見は、今後の出版の貴重な資料として生かしていきたいと存じます。また、ご記入いただいたご住所、Eメールアドレスに、小社の出版物のご案内をさしあげることがあります。上記以外の目的で、お客様の個人情報を使用することはありません。

由来によって魂が動かされ、決意と目標の設定が規定され、聖書にさかのぼる形象と表象によって心が満たされるからである。聖書宗教について語る方がよりよい。聖書宗教は、あらゆる種類のキリスト教徒におとらず、ユダヤ教徒も、さらにある意味では、――より遠くに離れているとしても――、イスラム［教徒］を包摂する。そのことを意識するのは、しばし印度や中国の精神的な世界に沈潜し、距離をとり、そして遠くから、聖書によって規定されたこれらの世界の全体に共通するものを、見て取るときである。

3.

しかし、聖書にもとづけられているという共通するものをもつこの空間においては、キリスト教の本質についての問いは、それを自分のものだと主張する特殊な集団の横暴がなければ、答えられえない。これらの特殊な集団の大部分は、それらの考えによれば、偽物ではない本来の啓示を信仰し宣教し代理する。

人類は、数百年にわたるつねに勝敗がつかない真のキリスト教をめぐる争いの、――しばしばそれどころかたいてい極めて「非キリスト教的な」争いの――、証人である。ユダヤ教徒とキリスト教徒が、反発しあい、キリスト教徒同士が、反発しあう。空しくも、様々な教会は、自らを、カトリック（カトーリッシュ）、つまり普遍的と呼ぶ（ギリシア・カトリック、ローマ・カトリック）。それらは、やはり、つねに、特殊な現象にすぎない。空しくも、プロテスタントは、聖書の言葉にだけもとづけられ共に真のキリスト教徒であるために、［カトリックから］自らを分離する。プロテスタントは、すぐに、多数の相違する教派（デノミナツィオーン）に分裂する。真のキリスト教に共通する特徴は存在せず、人となった神としての信仰さえ存在しない。てのイエスへの信仰さえ存在しない。

それらのすべては、聖書が千年の比類のない宗教的な経験の文学的な表現であるということに、根拠をもつ。この文学的な表現は、紀元後[12]1世紀か2世紀に、正典の最終的な確定によって、完結した。聖書は、生そのもののようであり、無限に多義的であり、いかなる状況やいかなる立場に対しても諸文書によって用意ができている。つねに、敵対者同士が、——同等の権利をもって——、聖書の諸文書によって、自らを正当化しえた。聖書それ自体は、我が物にし、選択し、反発し、解釈し、ありありとさせ、変革することを、要求する。聖書は、思想にとっては、確固とした出発点ではなく、人間の実存にとっては、人間を最内奥で運動させ、真剣さへもたらし、極端なものや全面的な疑問視へ行き着き、人間の苦境を覆い隠さないちからである。聖書はむしろ、正直な意識をますます深淵にみちびくが、そのとき、人間において不可解な信頼の可能性を呼び覚す。

それゆえ、われわれ西洋人は、聖書宗教にもとづいて生き、この生のために多くの可能性を許すが、しかし、自らのものだという主張を、いかなる集団にも、それがどの集団であれ、拒んでよい。

ある神学者は、聖書を読む者は、それだけではキリスト教徒ではないと、侮蔑的に言うかもしれない[13]。私は次のように答える。すなわち、だれがキリスト教徒であるのかを知る人間や法廷は存在せず、われわれはすべてキリスト教徒であり、そのことはキリスト教徒だと主張する何人にも容認されなければならない。私たちは、千年来、自らの父祖のものであるすまいから、私たちを放り出させなくてもよい。問題であるのは、どのようにある人が聖書を読むかであり、そのことによって、その人から何が生じるかである。

［一方で、］キルケゴールのような人が、あらゆる同時代人に、――大抵は牧師や神学者に――、キリスト教徒であることを否認し、自らは自らがキリスト教徒であることを主張しさえしないということが、ありうる[14]。［他方で、］教会や神学者が、私たちにキリスト教が欠けていると見なすが、しかし、自らがキリスト教を有していると主張するということが、ありうる。前者も後者も無視しなければならないが、しかし、耳を傾ける心構えをしながら、彼［ら］に反論しなければならない。畏怖が、諸聖書宗教の多意義性と無規定性の全体を、史実的に見て取ることを要求し、ついで、それらにおいて限りのない真実さや愛のちから、自由として現実的であったものを、（反対のものの存在にもかかわらず、）承認することを要求する。そのことは、おそらく、共通しうるであろうものであり、そのとき、それ自体、哲学の血肉であろうものである。ある法廷が、キリスト教とは何かやキリスト教徒とはだれかについての決断を、主張するという、一つのことだけを、私たちは、拒んでもよい。世界においてキリスト教徒と見なされるべきは、自らをそう見なす者である。

4.

［聖書宗教の］伝承が組織に結びつけられており、聖書宗教の伝承が教会・教団・分派に結びつけられているので、自らが西洋人として根底に依拠していることを知っている者は、伝承がおこなわれて、場所がのこるために、そのような組織に所属するであろう。その場所から、もしかすると、霊（プノイマ）は、再び働き出すならば、人々のなかに到達するであろう。

教派は、どうでもよいものになり、歴史的にだけ固有の由来にとって重要である。結びつけるものは、理性によって灼熱された聖書宗教であり、だれもこの聖書宗教を、自らだけのためにはもたない。より深くありうる結びつきが、一切の教派を横断し、この結びつきによって、いかなる教派ももつ不可避な狭さが、打ち破られる。[PGO 52-54]

第d節　理性と信仰（哲学と神学）の区別の史実的な回想

神学の言葉と事柄は、ギリシアの思想家の創造物である。アリストテレスは、神々について告知するいしにえの詩人や宇宙創成論者、とくにオルペウス教徒を、神学者と呼ぶ[15]。彼自身は、自らの哲学を、それが第一の不動の動者について論じているところでは、神学と呼ぶ[16]。ストア派においては、神学は、論理学と倫理学から自然学として区別される領域の内部の最高の分野になる。（パナイティオス以来の）ローマのストア派は、事実に目を向けながら、詩的な（神話的な）神学や、政治的な（実践的な）神学、自然的な（思弁的な）神学を区別した。

キリスト教徒が、ギリシア哲学と接触し、古代の教養世界において勢力を獲得し、自らで思考しつつ自らの信仰の明瞭さを得ようとしたとき、彼らは、自らの教説を、真の哲学と見なし、そう呼んだ。神学という概念によって、彼らは、まずは、異教の哲学的な教説を表現したが、ついで、それらに取って代わったキリスト教の神論を表現した。[PGO 56-57]

カエサレアのエウセビオスは、神にかんするキリスト教の教説についての自著に、「教会の神学」という表題を選択した▼17。**東方教会においては、神学は、受肉にかんする教説と区別されて、三位一体論を意味した。**

西方教会においては、神学という言葉は、アウグスティヌスにおいても、彼の後の数世紀においても、特殊に教会的な意味をもたなかった。神学と哲学の区別は、事柄としてありえないので、全然考量されない。というのは、あらゆる認識作用（エアケネン）は、神からの照明（エアロイヒトゥンク）によってもとづけられており、それゆえ、あらゆる認識内容（エアケントニス）は、神においてもとづけられているからである。信仰が［理性的な思考を］運動させるとき、理性的な思考は、それ自体、神的な光によって照明（エアヘルト）がなされて、それ自体は、啓示された真理にもいたる。アウグスティヌスからアンセルムスまで、事は、キリスト教の偉大な思想家において、同じである▼18。思考それ自体には神性への傾向があり、［思考の］道程は神性からの規定によって導かれる。哲学と神学が区別されるならば、そのことは、哲学から内実を、神学から理性を、奪うことになるであろう。神の全き遍在において、唯一の巨大な統一があり、一切の楽天的な思考において、［唯一の］永遠な真理がある。

そのことは、12世紀以来、しだいに別様になった。アベラールは、おりにふれて、神学について、聖書に関わり合う聖ナル学ビとして、哲学的な領域とは区別して、語る▼19。サン・ヴィクトルのフーゴーは、哲学的な分野のうちで最高の分野である世俗的ナ神学を、神を受肉とサクラメントにもとづいて認識する神的ナ神学から、区別する▼20。しかし、ここでは、まだどこにも、認識概念それ自体における対立は存在しない。

ボナヴェントゥラにおいては、方法的な対立は、もしかすると、より鋭敏に意識される。聖ナル教エとしての神学は、神から発する。哲学は、神へといたる。しかしながら、たとえば、彼にとって、神学（神についての語り）が聖書と一致するときや一切の学問が神学に還元され哲学が三位一体の原理にしたがい区別されるときも、神学の語用は、さらに別様になる[21]。

　そのときまで、やはりつねになおも、アウグスティヌス的・アンセルムス的な思考と信仰の明確な統一が、のこっていた。様々な困難が意識された対立は、確かに、とうに、異端的な思想家において（トゥールのベレンガリウスなど）、生じたが、しかし、根本的な方法論的考察へはいたらなかった[22]。様々な矛盾とそれらの克服は同時に、（アベラール以来の方法で、）トマス・アクィナスのこんにちまで規定している形式において、把握された。確かに、聖ナル教エは、彼においては、まれにしか神学という名称をもたない[23]。しかし、彼においては、そのときまで背景にのこっている曖昧な信仰と知識の対立は、超理性的なものについての啓示の学問（神学）と人間の理性の学問（哲学）の対立になる。しかし、対立は、同時に、安易な仕方で克服される。自然の王国が恩寵の王国によって覆われるように、哲学的な認識は神学的な認識によって覆われる。両者の最終的な対立は、決して生じえず（、というのは、両者は神から発するからである、）それゆえ、決して生じてはならない。しかし、根本的な区別は、アウグスティヌス的な認識概念の放棄によってだけ、獲得されえた。思考は、もはやそれ自体すでに、神による照明（エアロイヒトゥンク）ではなく、自然的な悟性的作用（アルバイト）である。思考は、それ自体に存在する、超感性的なものの輝きを失い、固有の被造的な領域として、――いわば正確で健康で自然的な人間的悟性として――、承認される。神学に背く思考の矛盾から神学を救うことは、この思考それ自体をたんなる悟性に格下げするという犠牲をはらってなされる。確かに、そのことによってアリストテレス的な世界の認識の受容が可能にされるが、しかし、非哲学的な合理性の雰囲気においてである。[思考を]無価値化する[思考の]解放が帰結としてもつのは、トマスが、神学において、実際に哲学的な方法を適用するということや、神学が、――啓示とサクラメントの神秘を例外として――、哲学と同一の対象をもつが、――啓示を通して与えられたより高い原理に照らされた対象へと関係づけて――、それらの対象を考察するということである。

トマスによって、神学は、啓示を地盤とする教会の学問として、感性的知覚と悟性的思考を地盤とする人間の学問としての哲学とは対立的に、構成されている。結果として、以後、神学は、教会の学問の一般的な名称になる。

外見はかくも明瞭な、神学と哲学のトマス的な区別と結合は、見せかけのものであることが、明らかになる。平穏は存在しなかった。思考と世俗的な認識は、たえまなく、教会的な思考の岩壁に砕け散り、教会的な思考の岩壁を掘り崩す。[思考と世俗的な認識を]救う新たな試みは、理性と信仰は相互に関係をもたないという二重真理説として、生じた。理性と信仰は、両者とも、それぞれの領野においては、正しい。両者は、矛盾することもありうるが、しかし、そのことは、どうでもよい。なぜならば、一方の真理は、他方の真理の領域においては、妥当性を主張しないからである。実際、二重真理説は、明瞭に強調されたり、曖昧に隠蔽されたりしながら、続く数世紀間にこんにちまで、大きな役割を果たした。二重真理説は、神の国と世界の、キリスト教と文化の、大きな対立における、一つの要素にすぎない。

トマスの見事で調和的な秩序は、世界と世界の一切の領域を承認し、世界の限度と限界を思考し、世界を、それが創造されていることの輝きにおいて、光らせた。それは、世界を、それに固有ないずれの肯定的な意味においても、自由にさせ、——世界をよく創造し、そのうえ、自己自身を直接に啓示した、教会を通して語る神の導きのもとで——、世界を保持した。いまや、一見すると矛盾なしに、神と世界、啓示と理性は、それらの上下の秩序に結びつけられながら、承認されえた。世界の領域の多様性と独自性、人間の人間性、人間の産物と制度の、人間によって創出され、神へと結びつけられた意味としての文化が、展開することが許され（、すべて、「キリスト教的」という形容詞をえ）た。堕罪が、その帰結によって、深刻な影を落としたにもかかわらず、巨大な調和が可能になった。堕罪は、一切の害悪を把握されうるようにしえ、しかし同時に、信仰の認識は、——世界と人間の全面的な腐敗の主張や、それゆえ両者の否定が、なされなければならなかったということなしに——、それらからの解放を提示しえた。

しかし、新約聖書的な思考においては、（プロテスタンティズムによって強調されたのだが、）別様に誘導した動機が存在した。世界は、その固有の法則により、罪の領域として存在が認められる。永遠性のためには、信仰による義認がある。堕罪によって根本的、全面的に腐敗したこの世界において、私たちは生きなければならない。なぜならば、私たちは、世俗的な領域の特性に従属させられており、それらの特性において罪を犯すからである。世界の外側で永遠性において救済されるという信仰においてだけ、この世界において大胆に不可避な罪深さにとどまらせる希望がある（大胆ニ罪ヲ犯セ、ルター▼[24]）。確かに、世界は、古代のグノーシスにおいてとはちがい、敵対的な対立原理にほかならないわけではない。しかし、世界は、堕罪による腐敗によって、現在の状態において、その対立原理からほとんど本質的に区別されていない。人間の歴史の全体は、人間の高慢と我意の一連の活動と見なされる。世界における導きは、信仰のほかに、存在しない。この信仰は、確かに、世界から独立して、世界において人間を世俗的に現に存在させるが、しかし、世界を超え出て、ほかのところにおいて人間にその生をもたせる。理性は、それ自体、腐敗している。真であるのは、神の永遠性へと無世界的に孤独に関係づけられていることか、共に祈りながら関係づけられていることかの、いずれかだけである。

神の名において生じる、世界に対する、そのような責任の欠如は、耐え難かった。それゆえ、世界を世界として承認するような思考の試みの全体が繰り返された。それゆえ、トマスは、かくも力づよく、こんにちまで生きている。それゆえ、アリストテレスがヌースを、ストア派がロゴスを、思考したように、唯一の神的な原理を思考した哲学的な思考法によって、人は繰り返し語りかけられている。調和させる最大の試みは、ヘーゲルのそれであったのであり、ヘーゲルがあらゆる否定やあらゆる驚愕を見て取り解釈しながら受容するほど、それだけ印象的である。ヘーゲルは、理性にとって見通されて把握されるものになった啓示を、歴史をつうじた精神の理性的な進行に吸収させる。神は、精神であり、一切の物事の根底に存在する理性である。この精神は、一つのものであり、自己自身を展開しながら、自然や人間、歴史において、現象する。信仰は、自らの場所を真理の様々な要素の段階的な系列にもつが、これらの要素はすべて、哲学の唯一の思弁的な思考において見通されつつ現前する。一切は、和解させられている。存在するものは何であれ、自らの場所と自らの権利をもち、自らの限界と自らの止揚をもつ。理性は、反神的になった腐敗的な思考ではなく、啓示に対する反逆ではなく、一切を包括する唯一の根源である。

理性と信仰の関係が、まずは立てられ、ついで、徹底的に思考されて解消されるか、または、解消されえないものとして規定される、史実的に所与のあらゆる様態は、満足させることができない。人は、ここでよりよい洞察に到達することをあえてなしうるのか。神学の圧倒的な業績は、勇気をくじきうる。それは、内容的に豊穣で精神的に強烈で悟性的に鋭敏で体系的な思考を展開し、信仰の認識として賞賛される文献を生み出した。ギリシア哲学と、さらに、神学にとって有用な一切ののちの哲学を、我が物にすることにおいてだけ、そのことがなされえたにもかかわらず、やはり、神学は、思考の固有の場所と進路を創り出した。これらの場所と進路は、啓示信仰が消失したとしても、自明のようでありつづけ、自らの意味を保ちつづける。

以下に続く節においては、歴史においてすでに示された、よりよい洞察の、すくなくとも若干の要素を示すことが、試みられる。以前の思考が知りえず、それの知識を、奇異に思われるとしても、現代の神学とすくなからぬ哲学が、いまだ獲得していないところの、決定的な出来事は、特殊に現代的な科学の実現と意識である。これらの本来的な科学の方法、性格、限界への洞察は、信仰と理性の争いにおいて生じた困難を、本質的な部分において、消失させる。理性と信仰、哲学と神学についての幾世紀にもわたる議論の根底にある不明瞭さは、解明されえ、普遍妥当的に把握されうる。［PGO 57-61］

まずはさらに、「キリスト教哲学」についての意見の多重の意味にかんする中間的な所見である。

1. 哲学と啓示信仰が、思考の意識において、アウグスティヌスやアンセルムスにおいてみごとであったように、区別されていないとき、人は、史実的な見解において、そのような思考を、キリスト教哲学と呼ぶことができる。私たちにとっては、哲学こそ、キリスト教の啓示を、本質的な根拠として受容した。

2. 哲学と神学が、思考の意識にとって、トマス・アクィナス以来そうであって、近代哲学の領域においてはますますそうであったように、根本的に区別されているとき、すくなからぬ人が、なおも、外見上は自立的になった哲学の特定の形姿を、やはり、キリスト教的と呼ぶ。しかし、そのような「キリスト教哲学」は、もはや本来的な哲学ではない。[PGO 61]

人は、アウグスティヌスやアンセルムス、クザーヌスのような人の統一的な思考の高道への回帰を、考えることができるであろう。しかしやはり、そのことは、こんにちの精神的な状況においては、——思想家が、この状況の不可避さについてや、とくに学問の意味と現実について、承知しておらず、そうして、ロマン主義的に制限され、こんにち滑稽なように思われる考えだけを獲得するのでないかぎり——、不可能である。[PGO 62]

別様であるのは、トマスによって性格づけられた方針である。すなわち、この「キリスト教哲学」は、理性の包括的な思考を放棄し、たんなる悟性と経験におのれを制限する。かくして、トマスは、自らの哲学が「自然的な手段によって証明されうる」▼25**そのような命題だけを展開したと、考える。トマスの哲学は、神学的な命題を排除すると考えるが、しかし、啓示信仰の領域にたえまなく干渉する。なぜならば、この思考の全体が、その動機によれば、問題の選択と処理に**

おいてそこへと向けられているからである。

そして、この哲学は、それにくわえ、明確に［信仰に］依存している。それは、定式化された教会の信仰と対立しようとせず、衝突が生じるところで従属し、しかし、――哲学の真理と信仰の真理が、両者とも神に由来するので、矛盾しえないので――、知性ノ犠牲をおこなわないと主張する。

依存している哲学に、――永遠の意味における哲学でもなく、現代の意味における科学でもないにもかかわらず――、なおも哲学を意味させようとするならば、この哲学は、必然的に制限される。この哲学は、伝統に結びつけられており、中世の巨大な「大全（スンマ）」の類型の意味において、哲学を本質的に完結的なものと見なし、自らの体系を便覧と見なす。しかし、この哲学は、神学とともにはじめて全体をなすので、不完全なままにとどまる。

それゆえ、この哲学は、哲学としては、真剣ではない。独立している哲学（ウンアップヘンギヒ）、つまり三千年の哲学的信仰の思考は、この哲学を、宗教的代替物と呼ぶ。この哲学は、依存している哲学（アップヘンギヒ）としては、［信仰によって自己を］修正する知性的な努力であり、この努力の背後には、真剣なものとしてはただ、教会とそれにより証言された啓示信仰が存在する。

3．哲学は、西洋の空間に属しているので、キリスト教哲学と呼ばれうる。哲学を、ギリシア哲学や、それどころか印度哲学や中国哲学から、見るならば、私たちは、懐疑主義や唯物論者にいたるまでも感じられうる一貫的な雰囲気に、気づく。それゆえ、キリスト教哲学というこの呼称は、漠然と広い意味をもち、史実的に局在化される。

「キリスト教哲学」について語るこれら三つの様態とことなり、この名称に、たとえば以下のことを意味させようとするならば、そのことは論外である。すなわち、そうした哲学において、哲学が啓示信仰を根拠づける。（そのことは、不可能かつ空しく、護教論者によって試みられた。）あるいは、そうした哲学において、啓示信仰が哲学を根拠づける。（そのことは、同じく不可能である、——アウグスティヌスやアンセルムス、クザーヌスの哲学的に偉大な思考の外見は、あてにならない。）［PGO 62-63］

21

第e節　科学、哲学、神学

哲学は、科学と啓示信仰のあいだの、一つの自立した根源である。この命題の真理は、私たちの問いにとっては、決定的である。

1.

最近の数世紀において、次の歩みがなされた。つまり、近代科学が自立した、しかも、非常に注目するべきことに数学的な自然科学としてである。（その代表者はガリレイである。）数学的な思考の企図や実験、経験によって生じた、これらのあらたな認識様態の強烈な印象は、唯一の科学へや、あらゆるほかの諸学にとっての模範への、それらの絶対化という、事柄上は決して必然的ではない帰結をもつ。

　しかし、近代科学の意義は、はじめから、より包摂的であった。すなわち、そのつど特殊な方法とともに生じ、強制的で普遍妥当的な認識という理念である。この認識は、私たちにとっては、事実において存在し、対象的になり、思考されうるあらゆるものへと普遍的に向けられているが、しかしつねに、世界内の物事へと部分的に向けられたままであり、無限に前進する。この様態において認識されたものは、たいていの以前の真理の主張とことなり、実際にも、正確に普遍的（アルゲマイン）なものとして認められた。数学的な自然諸科学のみならず、生物学と精神諸科学も、この道にいたった。

　あらゆるところでいままでは、現れ出る現実を眺めつつ考えつつ表現する直接の享受と、科学の精密さのあいだに、緊張が出現する。研究者にとって問題であったのは、科学的に可能的なものを純粋に際立たせることである。

　この緊張は、自らの根拠（グルント）を、あらゆる研究の営為の不可避な根本の事態にもっていたし、こんにちまでもっている。近代科学は、いつも、特有の哲学的な実体によって満たされた空間において生まれた。すなわち、世界に対して敬虔な自然への愛において、自然諸科学への動機が生まれ、錬金術の夢想的な自然哲学において、化学が生まれ、一切の生命の直観において、生物学が生まれ、古典的なものを歴史的に我が物にすることによる人文主義的な教養意志において、文献学的、歴史学的な諸科学が生まれた。あらゆるところで、様々な現実に歓喜することは、それらを正確に知り認識しようとする意志の根源である。しかしついで、諸科学は、緊張の放棄のもとで、この根拠から切り離されうる。それらは、作業、技術、文献学的な素材の消費になる。亢進した方法的な厳格さにおいて、それらの意義は、失われうる。諸科学は、意義を保持するところでは、研究者において、――科学でなく哲学であるものや、破壊するのではなく変革することによって研究者が克服するものによって――、支えられつづける。

この緊張は、いかなる認識の領域においても、特有の困難にいたる。たとえば、精神諸科学においてである。つまり、精神諸科学は、いわば、二つの科学的な平面で動いている。哲学的な人文主義とともに、同時に、文献学、批評学、史実的な事実の確定、編集技術、言語研究、古書の知識が、生じた。それらのすべては、科学的に明瞭で絶対に必要な基礎になった。よりゆっくりと、第二の平面が、すなわち、意味の理解それ自体の範囲の全体が、科学になった。同等の天才がいることや表現の能力に依存して、意味の理解は、たとえばヘーゲルやロマン主義において、尋常ならざる解釈学的成果を創り出し、歴史学派（ヒストーリッシェ・シューレ）において、科学になろうとしたが、しかし、恣意的な見解になおも巻き込まれつづけた。なぜならば、理解の正確性の制御の方法と理解の可能性の多様の意識が、不足したままであり、絶えず心にとめておかれてはいなかったからである。それゆえ、近代の認識の本質的な歩みの一つは、――それまでは天才によってなされたが科学的に不明瞭な理解の方法を、実践的、理論的に明瞭にすることによって――、意味を理解する精神の諸学を構成することである。（この歩みの代表者のひとりがマックス・ヴェーバーである。）

最近の数世紀の成果は、以下である。すなわち、偉大な研究者によって、特殊な近代的意味における科学的な認識の自立性、独立性、正確性が、全ての領域において、すなわち普遍的に、追求され、多くの領域において、――決して普遍的に実現され拡張されてはいないとしても――、獲得された。

しかし、この実現とともに、悩ましながら感じられうるようになったのは、（なぜ科学は存在するべきかや何が科学に寄与することへと駆り立てるかという）これらの科学の意義についての問いが、科学それ自体によっては答えられえなかった、ということである。科学は自己目的である（実際は信仰的根拠を示唆するものであるが）、という答えは、——科学は余計な苦労とかかずらうや、科学は生命にとっては腐敗的な思考の様態を生み出す、科学は人間の実体を掘り崩すという、また、ついには、科学は人類一般の生存（ダーザイン）の破壊への道程であるという——、科学への攻撃に対しては、十分ではなかった。

科学の自己批判にもとづいて、科学は、自らの限界を知った。そのことによってはじめて、いまや、あらたなしかたで、哲学の固有性が提示された。哲学は、近代科学の意味における科学ではない。むしろ、近代科学に属するものは、哲学から除外される。哲学にのこるものや、かつてより哲学の実体であったものは、いかなる悟性にとっても普遍妥当的であるという意味での認識ではなく、哲学的信仰の照明という思考の運動である。

史実的には、最近の数世紀にいたるまで、哲学と科学が同一であるかのように、哲学は科学を自らのうちに担っていた。両者が、自然的な理性がそれらにおいて働く点で一つのものと見なされたかぎり、哲学の固有性についてや哲学と科学の区別についての問いは、存在しなかった。実際に、両者は、現在の方法的な分離のあとでも、根源において解き難く属し合う。科学がそもそも存在するべきであること、知識意欲（ヴィッセンヴォレン）の真剣さと危険さ（敢エテ賢カレ▼[26]）、関与（ダーバイザイン）の無制約性は、哲学的にだけ照明されえ、信仰から由来する。[PGO 96-99]

自らの根源性にもとづいて、哲学が、新たな自己主張に達したとき、哲学的な非信者の側からの、啓示信仰の承認も、可能であった。というのは、啓示信仰への敵対が、区別されたからである。すなわち、

啓示信仰は、自らの神学において、経験的に普遍妥当的に確定されうる事態について、様々な主張を立てるとき、――科学が実際に、近代科学の方法的、強制的な性格をもつならば――、つねに、科学に対して、正しくない。科学が［啓示信仰と］相反し、人が自ら、科学的な人間として、［科学の］方法を我が物にしながら、洞察しなければならないとき、のこるのは、科学への従順か、知性ノ犠牲の遂行だけである。後者が、理性にとっては耐え難い一方で、前者は、決して啓示信仰の終わりではない。というのは、啓示信仰それ自体は、科学によっては、全然手の届くものではなく、むしろ手つかずなままであるからである。啓示信仰は、啓示信仰が自己自身を誤解するときそれに絶えず生じた様々な転倒を放棄するならば、認識もされえず、論難もされえない。科学の知識が信仰と対立するとき、信仰は自らの本質を失ったが、しかしそうならばすでにあらかじめ、信仰は信仰それ自体ではもはやないような現象へと巻き込まれた。

しかし、哲学が啓示信仰に反対するときは、別様である。そのとき、知識が信仰に対立するのではなく、信仰が信仰に対立する。しかし、そのさい敵対が意味するのは、否定ではなく、我が物にすることや従順の拒否である。独断的な神学と独断的な哲学だけが、――両者とも、災厄をはらみつつ、知られたと思い違いされた自らの根拠の真ならざる絶対性に固執して――、排除しあう。啓示信仰と理性信仰は、それ自体としては、互いに両極に立ち、互いに衝撃を与えられており、確かに、完全に

は理解しあわないが、しかし、理解しあう試みを止めない。啓示信仰と理性信仰は、そのつど個々の人間において自らにだけ否定するものを、他者のなかに他者の信仰としてやはり承認する[27]。

2.

認識する意識の純化は、近代科学の条件のもとでや、三千年の哲学の根源にもとづき、もしかすると根本的になされている。しかし、認識する意識の純化は、近代の教養の広がりにおいてや、あらゆる研究者において、哲学の講師において、それどころか民族の思考においては、いまだに現実的ではない。それゆえ、根本的にすでに克服されたものは、一般的な見解としてはなおも実際に通用している。かくして、こんにちたいてい、哲学は、神学においても、なお存続している講壇哲学においても、慣習的な解釈においても、誤った位置に押しやられ、一つの科学であるかのように一つの学部におけるる学科として分類される。人は、哲学を、悟性によって対象を普遍妥当的に認識するような客観的な研究として、扱う。かくして人は、哲学が、ほかの諸科学のように、進歩においてあり、この進歩において、これまでのなかで最新で最高の観点をもつということを期待する。かくして人は、哲学にその成果を要求する態度をとり、哲学を役だてたいと思うか、あるいは、かの進歩が全然おこなわれず、哲学がそれどころかやはり何も「知ら」ないので、哲学を侮蔑し、そのことを礼儀上口外せずにこの古びた問題をもはや気にしない。

哲学のそのような印象に、哲学が、最近の数世紀において、また、こんにちなお、甘んじるのも、珍しくはなかった。哲学がそのような印象に陥ったのは、哲学自体の自己忘却によってである。そのような印象が可能になったのは、人間が自らと自らが考え行うあらゆるものを純粋な悟性にもとづける、という見解によってである。このもとづけの全体が哲学であるとされる。そのとき、このもとづけに対して、悟性の外側に、人が信仰の神秘と呼ぶもの、──ホッブズが言ったように▼28、効き目はあるが、噛み潰してはならない丸薬のように、飲み込まなければならない──把握されえないものが、存在している。

真であるのは、思考する確認に、すなわち、人間にとって悟性を用いる理性によって明白になるものに、哲学がもとづくということであり、また、そのことが空虚なものからはなされないということである。[PGO 100-101]

3.

哲学の自立的な根源は、ギリシア哲学のはじまり以来、数千年をつうじて、現に存在している。その根源は、啓示信仰の思考に受容されたが、しかしついで、啓示信仰によって否認された。哲学は、様々な聖なる書物の類比物のような様々な自らの著作にもとづく、偉大な自らの伝承をもち、啓示の思考の内部で固有の源泉に発する流れとして、啓示の思想にもかかわらず流れ続ける。

一方では、精密的で強制的な本来の科学のために、他方では、信仰的服従と信仰的認識のために、哲学を消失させるという傾向に反対し、哲学する人間は、固有の洞察によって、この偉大で唯一の自らの伝承をよりどころにする。この伝承にもとづいて、神学的な思考の全体もほとんど、思考として生きている。[PGO 99]

たんなる科学への哲学の縮小は、［私たちを、］教会における信仰的な全体主義であれ、政治における支配的な全体主義であれ、信仰的服従がどのような性質をもつとしても、それへと向かわせる。

第2章　哲学的論理学の確認

科学、哲学、啓示信仰という三種の図式についてのわれわれの叙述は、揺るがぬ点を扱うようであった。一般的な意味においては誤りではないとしても、それは沈潜を必要とする。三種の図式は背景を必要とし、この背景に直面して、揺るがぬ点は浮動する。その背景は、ここでは、若干の所見によってだけ、指摘されうる◆2。

◆2　私はそれについて語ることを繰り返し試みた。最も詳細には、『真理について』(第2版、1958年、47-222、602-709頁)。[Karl Jaspers: Von der Wahrheit, Piper, [2]1958, S. 47-222, 602-709.(カール・ヤスパース『真理について』第1巻(ヤスパース選集31)、林田新二訳、理想社、1976年、101-442頁、『真理について』第4巻(ヤスパース選集34)、上妻精ほか訳、理想社、1997年、17-229頁。)]

25

第a節　包括者の様々な様態

1．主観客観分裂、現象

意識は、主観と客観への分裂という根本現象である。すなわち、私たちは、意識において、様々な対象に、それらを思念しながら、向けられている。意識は、対象と対象のあいだの関係と比較されえないような、［対象の］比類のない相対者である。

この分裂へと踏み入らないものは、私たちにとっては、あたかも存在しないかのようである。この分裂がなければ、私たちにとっては、何も現象せず、何も思考されうるようにはならない。何について私たちが語ろうとも、それは、語ることによって、分裂へと踏み入った。

無意識的や没意識的であるものは、意識における様々な現象から推論されている。それは、意識へと働きかけ、意識において現れるかぎりでのみ、私たちにとっては事実の一つの様態である。

主観客観分裂は、存在し存在しうる一切のものが、そこにおいて私たちにとって現象するところの場所である。主観客観分裂をこの場所として確認することによって、私たちにとっては同時に、そこにおいて生じる一切のものの現象性が意識される。

この場所は、［以下のことについて、］根本的に照明されなければならない。すなわち、ここでは、現象は、何であり、いかなる意味においてあるのか、また、現象は、根源的に様々ないかなる次元においてこの場所の光に照らされ、そのことによって露わになるのか。

2. 包括者の様々な様態

主観と客観へと分裂し、現象の場所になるものを、私たちは、包括者と呼ぶ。私たちがそれを現前させるとき、それ自体が、その現実に反して客観になりうるかのように、あるいは、それが、私たちが客観として見させる主観であるかのように、私たちはそれについて考える。私たちが自らに、思考の道程のこの不可避さを承認するとき、次のことが示される。すなわち、包括者について、私たちは、一方では、主観の側から考える。そのとき、包括者は、私たちがそれであり私たちにそれにおいていかなる存在様態も現象するところの存在、つまり、私たちの現存在、意識一般、精神である。包括者について、私たちは、他方では、客観の側から考える。そのとき、包括者は、それにおいてやそれによって私たちがあるところの存在、つまり、世界である。

この、自らを決して閉ざさず、それゆえ閉ざされず浮動するものの全体は、内在者の存在を意味する。それからの飛躍によりはじめて、われわれは地盤に踏み入るが、この地盤において、包括者は、主観の側によれば、実存という自己存在であり、客観の側によれば、超越者という包括者である。

以下、私たちは、包括者のこれらの様態を現前させる（意識一般、現存在、精神、実存、——世界、超越者）。

3. 意識一般

個々に変化し体験する現実的な意識において、万人に共通な意識を、私たちは意識一般と呼ぶ。意識一般は、多くの者の偶然的な主観性ではなく、一般的なものや普遍妥当的なものを対象的に把握する唯一の主観性である。この意識一般は、それにおいていかなる者もいかなる他者をも代理しうるところの点であり、それに万人が大なり小なり関与するところの本質的に唯一的な点である。意識一般には、思考されうる［ようになる］ものや、認識されうるようになるものが、示されるが、思考されうる［ようになる］ものの一般の、意識一般に固有な形式においてや、意識一般に固有な構造やカテゴリーにおいてである。

私たちの生きている（レベンディヒ）現存在の個々の意識としては、個別化の狭さにおいて、私たちは、これこれのそのつどの現存在としてだけ、包括するものである。それに対して、意識一般としては、私たちは、非現実的であるが妥当的であるものや認識の普遍的な正確さに関与し、そのような意識として、根本的に、可能性としては限界なく包括するものである。

意識一般が、私たちがそれであるところの包括者であるのは、多様的で、［相互］類似的で、性質的・様態的に様々な、生きている（レベンディヒ）意識としてではなく、唯一的で、自己同一的で、同一のものを思念し正確に認識する、一切の有限な思考的な存在者に共通である意識としてである。

4. 現存在

現存在は、自らの環境世界においてあり、この環境世界へと反応し、作用する。現存在は、それ自体としては、いまだ、対象の思考的な思念をおこなわないが、しかしこの思考をつまり意識一般を、これが人において生じたとき、これを自らに従わせながら、自らの関心の手段にする。

　現存在は、生命の体験として、自らの世界においてある。このようにあることの直接性においては、現存在は、疑いなく現に存在し、――私たちに対して事実(レアール)であらせようとするあらゆるものが、それへと踏み入らなければならないところの――、事実(レアリテート)である。

　私たちが、現存在を、その周りを回りながら、確認しようとするとき、私たちは、たとえば次のように言う。すなわち、世界においてある生命としての現存在は、内面世界と環境世界とからなる全体である（フォン・ユクスキュル▼29）、――［現存在は、］自らのうちに現存在として相対的には閉ざされているが、しかし、ほかの現存在に依存してやほかの現存在に関係してだけ可能であるかぎり、［絶対的には］閉ざされていない、――現存在は、［一方で、］現れ出ては消え去り、客観的な時間において始まりと終わりをもつが、他方で、自らの固有の時間と自らの固有の空間をもち、両者において実現し両者において変化するが、それらを超え出ない、――現存在は、衝動、欲求、熱望であり、自らの幸福を欲し、完成の瞬間と殺すような痛みを体験する、――現存在は、自らを主張し、自らを拡大し、つかみがたいかの幸福を獲得しようとする争いの不穏のなかに立つ、――現存在は、そのつど一回的で個別的な現存在であり、この現存在を、現存在が、意識へと目覚めながら、究明されえない暗闇の無限性をそうするように、覗き込む、――現存在は、現に存在しないこともありえ、偶然として現に存在するという偶然の謎を意識する。

　私たちは、現存在(ダーザイン)を恣意的に、狭くさせられたものに、すなわち、生きている体、体験の内面性、内部による外部の知覚の主観性、環境世界の発見と創出に、関係づける。しかし、私たちは、「私たちが現に存在する（イッヒ・ビン・ダー）」ということに対する驚きを失うべきではない。私たちの省察は、謎を、覆い隠すべきでもなく、動きのないままにするべきでもない。

5．精神

私たちが精神であるのは、包括者としてであり、包括者として、私たちは、空想によって形成物を構想し、作品において意味に満ちた世界の姿を実現する。精神は、意識一般による合理的な計算可能性や道具や機械の製作と区別されている。現存在の非合理的なものの暗闇とは反対に、精神は、理解することと理解されることとの運動において、開示させることである。

合理的な理解は、意識一般によって思考されたものの意味をとらえる。心理学的な理解は、現存在の動機をとらえる。精神的な理解は、創造的な創出において――現れ来る重みをもつものとして――見いだされる意味の内実をとらえる。

精神が、対象的に知識されうるものや、感性的に直観されうるもの、合目的になされたものを、精神を受け入れる媒介として用いることによって、それらの内実は、直接的になる。精神は、それらにおいて、（対象、感性、目的を包越し（ユーバーグライフェント））［自らの内実を］見て取り、自らの内実に気づく。

精神の主観は、空想である。空想は、自らの創造物において遊ぶ。空想は、意味を創造する。空想は、象徴において［意味を］把握されうるものにする。空想は、存在しうる一切のものに言葉を与える。精神の主観は、意識一般の「われ思う」ではなく、そのつど代理されえない個体であり、この個体は、人格的な姿をとって、非人格的な客観物によって心を打たれることを知っている。

精神の客観は、本来の意味で創造されるものではなく、見いだされるものである。この精神の客観的な形式は、連関させる全体のちからであり、秩序や限界設定、基準によって働き出す。

精神の空想は、たんなる主観的な空想としては、無秩序であるが、客観的な空想としては、――あらゆるものをそのつど閉ざされたものにすることによって――、私たちの現存在の事実や、思考の無際限さ、精神の固有の充実を使いこなす。精神の空想の包括的《ウムグライフェント》な現実は、そのつど疎遠なもの［のある一部］を理解しながら我が物にし組み込むが、しかし、［そのつど疎遠なものの他の一部を］排除する。

かくして精神は、そのつど精神によってつらぬかれた世界を、――芸術作品においてや文学［作品］において（閉ざされた《ゲシュロッセン》無限なもの）、職業において、国家の建設において、学問において（無限の進歩において開かれた《オッフェン》もの）――、全体性として、実現する。

全体は、理念を意味する。閉ざされた《ゲシュロッセン》ものとしては、理念は、精神の本来的な理念（ヘーゲル的理念）である。開かれた《オッフェン》ものとしては、理念は、理性の理念（カント的理念）である。前者においては、理念は、無限であるが閉ざされた完結や完結の可能性として存在する。後者においては、理念は、無限の課題であり、この課題は、理念の内実を先行的に現前化しつつ、閉ざされうることなく、開かれたものへと突き進む。

6．実存

現存在する生、意識一般の「われ思う（イッヒ・デンケ）」、精神の創造する空想は、互いから導き出されえないにもかかわらず、互いに結びついている。精神は、思考する（デンケント）意識一般なしにや、生きている現存在なしには、可能ではない。現存在だけが、人間においてではなく動物の生において、私たちがそれであるところの両つのほかの包括者なしに、それだけで存在しうるように思われる。というのは、生物の客観的な空想の様々な形態は、意識的な精神の空想の類比物にすぎないからである。

これらの三つの根源によっては、私たちはいまだ、私たちがそれでありうるところのものではない。以下の不満が私たちを襲う。すなわち、

現存在は、無から無への流れ去る生である。一瞬、完成された生の歓喜のあとで、無常の苦悩のあとで、反復の退屈や、現存在としてすでに腐敗の萌芽を自らのうちにもつという驚愕させる知識が、［私たちを］襲う。

意識一般は、際限なく、どうでもよいものさえ思考する。強制的な正確性の充足のあとに、意識一般は、たんに正確であるものの荒涼を把握する。

精神は、自らの創造物の魅惑をはかないものの壮麗と見なしうる。空想に閉じ籠る調和の充実は、あらゆる完成が事実に直面し崩壊することを経験しうる。積み重なる全体的なものの豊かさは、気の抜けたものになり、見事な遊戯（シュピール）の自由は、遊事（シュピーラライ）になる。

私たちは三つの包括者によっては、いまだに私たち自身ではなく、導きをもたないままであり、地盤を獲得しない。あるいは、それらがすべてであるのか。私は、結局のところ、どこにおいても私自

29

身ではないのか。（現存在、意識一般、精神という）三つの包括者の限界は、無の空虚にすぎないのか。私は、これらの深淵に落ちるのか。私は、自らの生きている現存在の無遠慮な我意にすぎず、正確な思考の代理が可能な点にすぎず、見事な錯覚における精神の開花にすぎないのか。

自己存在の根拠、それから私が私に現れ来るところの隠されているもの、私が私に贈り与えられることによってそれとして私が自由（フライ）としての私を創り出すところのものは、それらの三つの包括者においては、それらがこれらにすぎないならば、消え失せている。しかし、この根拠、この自由（フライハイト）、私が私自身であることができ、他の自己に対し、自己として、交わりにおいて、私自身になることができるということを、私は可能的実存と呼ぶ。

実存は、直観的な具象性（アンシャウリヒカイト）においては、それ自体としては、観察されえない。現存在が、生物学的な現象の事実として存在し、意識一般が、思考の明示されうるカテゴリーと方法において科学の活動によって示され、精神が、自らの創造物において見られうる一方で、実存は、自らに固有な把握されうる客観性（オブイェクティビテート）をもたない。実存は、現象［するため］の媒介としての包括者の三つの様態に依存している。実存は、客観になりえず、ゆえに、（生命、思考、精神とちがい）科学の対象になりえない。

三つの様態においては、一義的な伝達可能性が存在する。実存は、これらの三つの媒介において、間接的にだけ、伝達されうる。それゆえ、伝達の特定されえない限界と、交わりの把握されなさが、存在する。実存的な伝達には、意図的ではない沈黙が、実際には最も信用されうる交わりがなされる充実した沈黙として、属している。それゆえ、実存的な伝達においては、自己の非開示（ウンオッフェンハイト）や意図的な沈黙によって、背信も存在する。この背信は、しかしながら、決して客観的に立証されえず、決して［客観的に」非難されえない。人は背信を相手に確認しようとする瞬間に、自ら背信を犯す。この背信は、――状況にもとづきつつ時間のなかで最終的なことをおこなう心がまえをせずに――、人が開かれた(オッフェン)ままではないということに存在する。意図的な沈黙（、意図し、「たんなる」沈黙とたんなる暗示に理解と回答を期待し、それゆえ虚偽の間接的な伝達）とは全く別であるのは、伝達しえないという無口の様態である。存在するが、切望されつつも無力に言葉をもたないままであるものを、この様態は、自己と他者に言うことができない。しかし、この沈黙は、直接的な伝達によっては、――それが可能でないので――、承認されるともかぎらないある深みを、現前させる。直接的な伝達は、非常に親密な共同に制限されている。世界内(イン・デア・ヴェルト)においては、現象を獲得するのは、伝達されうるもの、言葉になるものだけである。さもなければ、それは、世界内においては無のようであり、――それが、それの様々な帰結において、交わりの親密さにもとづき、もしかすると尋常ならざる仕方で、しかし証明されない仕方で、示されるときさえ――、世界外(アオサー・デア・ヴェルト)にとどまる。間接的な伝達においてなされるものは、客観的な究明にさいして否認されうる。それは、期待されてはならない。間接的な伝達にもとづいては、何も正当化されえない。

　現存在、意識一般、精神は、たやすく示され、私たちは、それらにおいて、私たちがすでにそれであるところのものを、確認しさえすればよい。しかし、可能的実存の確認は、それ自体もう、別様になった(アンダースゲヴォルデンザイン)ということ、つまり回心(ウムケーア)という現象の一要素である。それらの様態に気づくために、私たちは別様にならなくてもよい。しかし、実存は、それらの様態と同一の強制的な現前性をもたない。実存は、現れないこともありうるが、しかし、そのときでもなお、喪失から押し戻す不穏によって、自らを証言する。

私たちは、いずれの包括者についても、私たちがそれであるということによってだけ、確認するが、しかし、実存については、私たちがそれでありうるということによって、確認する。実存は、可能性としては、——私たちがそれについて、それの周りを回りながら、語るときには——、私たちにおいて、目覚めていなければならない。以下、実存とは何か、それの周りを回ろう。

(1)実存は、何者かであることではなく、ありうることである。すなわち、私は、実存ではなく、可能的実存である。私は、私をもたず、私になる。

実存は、絶えず、存在するかしないかの選択において立つ。私は、決意の真剣さにおいてだけ存在する。私は、現に存在するのみならず、意識一般の点であるのみならず、精神の創造物の場所であるのみならず、これらのすべてにおいて、私は、私自身でありうるか、失われてありうるかもする。

(2)意識一般はそれだけで、三様である。すなわち、「われ思う」の主観は、対象へと向けられており、そのことにおいて、自己意識において自己自身へと関係づけられている。

この構造には、実存的には、より深い構造が存する。すなわち、実存は、自己自身へと関係し、そのことにおいて、それによって自己が措定されているところのちからへと関係づけられていることを知っている自己である(キルケゴール)▼30。

実存は、(現存在の恣意の自由ではなく、意識一般の正確さへの同意ではなく、精神の秩序において創造する空想ではなく、)自由であるが、把握されえない仕方でである。実存は自由であるが、この自由は、自己自身によってあるのではなく、自らに現れないこともありうる。実存は自由であるが、それによって自らが贈り与えられていることを知っているところの超越者なしにではない。
超越者という場、あるいは超越者そのものは、一切を包括し、そのようなものとして隠されたものである。この隠されたものは、実存に対して、そして、自らの自由を経験する実存に対してだけ、現実である。実存は、超越者なしには存在しない。そのことは、――超越者が、意識一般と精神の空間において、どのように表象され思考されるとしても、このことは別とすれば――、いわば実存の構造である。

（3）実存は、そのつど個別的なものとして、つまりこの自己として、代理されえず代替されえない。「普遍と個物」というカテゴリーにおいては、実存は、個物として規定されるように思われる。「本質と現実」（essentia と existentia）というカテゴリーにおいては、実存は、現実として規定されるように思われる。しかし、これらのカテゴリーへは、唯一無二性と代替不能性という意味が、取り入れられなければならない。

そのことがなされるのは、普遍と本質が、第一的なもの、永続的なもの、本来的な存在者と見なされ、個物［と現実］が、消失する事例（ファル）と見なされるときではない。しかし、人が逆に、第一のものは実存であり、実存は普遍や本質に先行するのだと、言うならば▼31、単独者が単独者それ自体であるのが普遍によってだけであるかぎり、そのことも誤りである。

人が、実存という言葉を、世界において見いだされる個物的なものや個別的なものの事実としての経験の対象として、理解するやいなや、それは、自己存在の実存ではなく、実存として虚偽的に変容される世界における単独的なものの野蛮な存在である。事例（ファクトゥム）は、いまだに「実存」ではない。

「個物ハ言イ表セナイ」▼[32]は、両者に当てはまる。しかし、「実存」は、それの事実が客観的な対象として無限的であるところの個別的なものでなく、自己自身の課題として無限的である現実である。実存は、世界における事象ではなく、世界において現象するほかのところからの根源である。

人は、実存を、そのつど単独的な包括的現存在の包括者と見なすならば、確かに、対象的に現れる事実的なもののたんなる直観より深く見る。しかし、現存在は、いまだに実存ではない。私が現に存在するということ、すなわち、世界において生命として存在するということの謎は、いまだに実存の自己確認ではない。

私が自らの決断能力（エントシャイデンケネン）に、たんなる現存在における恣意の選択能力としてではなく、その必然性によって私が私自身であるところの決意の可能性として、気づくやいなや、私は、この能力の根拠を可能的実存と見なす。すなわち、私がそれであるところのものになるのは、自らの様々な決断によってである。私が、しかし、実存の自由を、すでに、恣意においてや正確に思考されたものの肯定において見て取るとき、私は、実存的自由を逃す。というのは、実存の〈ありうること（ザインケネン）〉における選択は、超越者の前で本来的でありうることを意味するからである。恣意の虚無や普遍的な正確性にもとづく実存のありうることの創造は、空想的である。

というのは、実存の〈ありうること〉が、――無から、自らの選択によって、はじめて存在になり、この存在になるかのように――、絶対的な存在と理解されるとき、そのことは、以下の根本的経験と矛盾するからである。すなわち、実存は、無からではなく、超越者の前で、自らに贈り与えられることにおける決意の〈ありうること〉である。

それゆえ、普遍と個物や本質と現実というカテゴリーの枠組みにおいては、――実存が、現存在へ、恣意へ、普遍妥当的なものへの同意へ、措定されるとき――、カテゴリーにおける誤った単純化が見いだされる。そのとき、実存は、無へと落とされる。実存自体は、それ以上である。実存は、カテゴリーによっては決してふさわしくとらえられえない。

「われあり（イッヒ・ビン）」に可能的実存が含まれているとき、それが意味するものを、ダンテは、天使の至福について言明する◆3。天使においては、可能的実存は残存せず、現実的実存だけが存在する。（私たちにとっては、比喩にすぎないが。）「天使においては、神の光は、反射しながら、われあり（subsisto）と言いうる」。存在スルは実存スルと類義的である。その命題が言おうとしているのは、［超越者に］関係せず、自己自身に満足して、「私は現に存在する」、ということではない。超越者に関係する「私は存在する」（subsisto）は、キルケゴール以後に実存と呼ばれるものをとらえる。

◆3　Paradies 29, 15.［Dante Alighieri: La Divina Commedia, Paradiso 29, 15.（ダンテ・アリギエリ『神曲：天国篇』原基晶訳、講談社学術文庫、２０１４年、４３３頁。）］

（4）実存は歴史的である。現存在と精神は、決して閉ざされずに無限に研究されうる因果法則性と理解可能性によって生成される無際限に特殊なものの、たんなる多様性として、歴史的である（客観的に史実的（ヒストーリッシュ））。現存在と精神は、ついで、特定の状況下において受け継がれたものの特定の特殊性においてすでに以前に存在した（ショーン・フォーアヘーア・ザイン）ので、それ自体に根拠をもつものとして、歴史的である（主観的に

32

歴史的（ゲシヒトリヒ）。しかし、実存の歴史性は、現存在、精神、意識一般の形姿を受け取ることであり、これに実存は実存として結びつけられている。実存は、現存在の偶然性、つまり、この、私に属するものを、貫き通す。これを、私は、これの客観化において、同時に、（無限に）認識することができる。しかし、私は、実存的に現存在の時間性においてあるとき、同時に、それを超え出ている。実存の時間的な実現の姿は、（現存在と精神の、客観的、主観的な歴史性とことなり、）時間性と永遠性の一致である歴史性である。伝承の連続と断絶をともなうたんに消滅するものとしての歴史とはことなり、実存は、永遠なものが現前することとしての、時間において自己が自らになること（ツー・ジッヒ・コメン）である。

（5）実存は実存の交わりにおいてだけ存在する。自らを隔離する孤立（フューアジッヒザイン）としては、自己存在は、もはや、自己存在それ自体ではない。自己存在が自らになるのは、ほかの自己との交わりにおいて、ほかの自己が自らになるときだけである。それゆえ、実存には、争いながらの愛が属している。争いながらの愛においては、人間は、たんなる自己主張を放棄し、いかなる怒りからも繰り返し自らを救い出し、傷つけられているという傲慢を抑制する。というのは、自らを隔離する真理においては、いまだ、真理は存在しないからである。

（6）私が現実的実存でありうるのは、私が実存するという知識によってではない。私は、そのことを知ろうとするとき、実存としては消え去る。実存にかんして言われ、為され、形成されたことすべては、間接的でありつづける。間接的なものは、私が企てるものではなく、私に対しても、克服されえない間接性でありつづける。あらゆるありうる直接性への、あらゆる［ありうる］間接性の放棄への、無条件の意志においてだけ、間接性は真になる。

それゆえ、人間のあいだで本質的なことがいまだ言われていない、人間のあいだで本来的なことがいまだ為されていない、という意識も繰り返し生じるであろう。なぜならば、それがしそこなわれているからではなく、あらゆるありうるように思われることが言われ、為されたとしても（決してなされえないのだが）、それはやはり決して足りないからである。

（7）実存は、自らに贈り与えられていることを知っているので、根本的に隠されている。なぜ私は愛するのか。なぜ私は信じるのか。なぜ私は決然（エントシュロッセン）としているのか。

これらの問いは、世界において現象することの数多くの前提、条件、動機を挙げるとしても、決して答えられえない。いかなる答えも、根本的な答えられなさを意識させる。

確かに、問うことの意味のある禁止は存在しないが、そうではあるがしかし、実存の現実は私たちの認識にとって根拠がないということが明瞭になる経験は存在する。

そのように根拠がないことにおいて示されるものは、私たちにとっての根源であるが、しかし、対象ではなく、確定されうるものではなく、目に見えうるものではない。

たとえば、――究明されえないものに反省によって触れるべきではない、設問と研究は現実的であるものを反省において破壊するのだと――、阻止しようとするならば、むしろ逆に、次のことが言われなければならない。すなわち、――本来的なものは、それが隠されていることにおいて、かえってますます決定的に、思考に（、それが、抽象的でなく合理的でなく、哲学的であるとき、）開示される、――本質的に永続的なものは、時間を横切り触れられえないが、思考によって（内的な行為において）、かえってより働き出し現れ出る。確かに、一過的なもののただの直接性は、設問と反省による破壊に

33

さらされているが、しかし、根源的なものは、思考によって開示されることによってかえってより現実的に現象する。

7．世界と超越者

存在それ自体がそれであるところの、――私たちが包括者としてそれであるところのものによって包括される――包括者は、世界と超越者を意味する。

自然的な態度にとっては、それらは、第一の包括者である。それらは、私たちによっては創り出されていない。それらは、たんなる、私たちがおこなう解釈によって解釈されたものではない。それらは、私たちを創り出す。私たちは、世界のわずかな部分、すなわち、世界における消え去る仮初めのものであり、実存としては自らによってではなく超越者によって措定されたということを知っている。

存在それ自体がそれであるところの包括者は、同時に、決して私たちにとっては客観にならないような包括者である。世界において、私たちは、あらゆる方へ進み、私たちに認識されうる物事を無限に発見する。世界それ自体の全体は、理解されえず、それにふさわしくは思考されえず、私たちの知にとっては、対象ではなく、研究にとっての課題としての理念にすぎない。しかし、私たちは、超越者を決して探求せず、比喩を用いて語れば、超越者によって触れられ、他者としての、すなわち包括者の包括者としての超越者に触れる。［PGO 111-122］

8. 理性

包括者の様態は、多数である。あらゆる包括者の包括者という定式だけが、一なるものをとらえるが、しかし、獲得しない。

(1) 包括者のいかなる様態も、自らにおいて再び多数性を現象させる。現存在と精神は、無限に多数の人間の見渡されえない個別化においてある。意識一般は、確かに、意味上は、一つのものであるが、しかし、現象においては、それに関与しつつ思考する点の無数性に結びつけられている。実存は、多数の実存の相属と対立においてある。世界は、観点、探求されうるもの、対象の領域の多様性へと引き裂かれている。一なる超越者は、暗号の歴史的な現象の多数性において、暗号を聞き取り見て取る実存に対して語るが、現実それ自体という一なるものとしては、近づかれえない。

包括者の様々な様態は、私たちにとっては、一なる全体という閉ざされた有機体へは閉ざされない。それらにおいては、私たちは、完成の秩序を見て取らない。それらを現前させることは、――それにおいて私たちがあるところの存在(ありかた)において、様々な様態に従って、その存在(ありかた)の現前性を確認するための――、一個の道具にすぎない。

私たちは、私たちの認識にとっては、全体の完結が不可能であることや一なる全体という問題の解決が不可能であることを、把握する。

私たちは、様々な根本的な矛盾を見て取る。私たちは、それらを、弁証法のあらゆる様態において、(逆説という矛盾において自らを開く弁証法か、完成という円環において自らを閉ざす弁証法か、衝突において自らを運動させる弁証法の、いずれかにおいて、) 自らに見せるかもしれない。様々な根本的な緊張がのこる。私たちは、様々な限界に直面し、包括者のいずれの様態についても極限に行き着く。

その道具は、[確かに、] 私たちの意識を、いかなるありうる意味の次元へも、拡大するが、しかし、道具としてあり、それ自体、完結されていない。

（2）私たちがこれらのすべてを表明することによって、やはり、私たちは、一なるものへの、——あらゆるものがあらゆるものに属し、互いに結びついており、何も無駄ではなく、空しくなく、余計ではなく、何も抜け落ちず、何も忘れ去られないところへの——、拭い難い意志を感じ取る。

この目標は、獲得されたものとしては、私たちにとっては、思考されえず表象されえない。この目標を先取りしながら主張することは、この目標を破壊する。

しかし、私たちが、一なるものの夢を描き、そのさいに挫折することは、——その対象が現実であり、それ自体が正夢であるかのように——、それが夢に見られ、それが私たちにとって重みをもつことを、放棄しない。しかしやはり、この現実が夢においてだけ存続するので、私たちは、自らのうちにあるほかのものをもつ。つまり、理性である。理性は、——私たちが現に存在する最小の範囲においてや、私たちが可能なものとして思考することができそのことによって促進することができるものの最大の地平において——、紐帯を発見するために、私たちを絶えず動かし、紐帯を実現するために、私たちを翔けさせる。

超越者は、あらゆる包括者の包括者であり、実存は、地盤であるが、理性は、時間において実現される紐帯である。理性は、崩壊に抵抗する。何が私たちに分離されたものとして現れ来るとしても、何を私たちが思考において分離するとしても、何が根本的な調和不可能性において反発しあうように思われるとしても、それを理性は相互に関係づけたい。私たちは、私たちの課題、哲学の課題を、結びつける道、交わりの道に行き着くことに、見いだす。包括者のあらゆる様態は、――存在それ自体においては、超越者によって包括されるが――、私たちにおいては、包括者のあらゆる様態の紐帯、すなわち理性によって、包括される。

（3）哲学において最高のものは理性であるが、理性は、やはり、それだけでは、なにものでもない。包括者のいかなる様態においても、――切断においてはじめて真理が示される束縛があるかのように、突破へと突き進む――様々なちからが生じる。

しかし、理性は、ばらばらになろうとするものを、私たちに一つにまとめさせる、包括する紐帯である。理性は、道を指し示し、この道の上で、私たちは、組織しながら実現する。

超越者においては、あらゆる包括者の包括者があるように、内在者においては、理性は、自らを絶対化しようとするあらゆるものに先行するものである。理性は、最終的であるような絶対的な崩壊や分断を容認しない。理性は、なにかが決定的に破砕し、存在から転げ落ち、底に沈み、消え去るということを、黙認しようとしない。

（4）しかし、いかなる破砕をもふたたび受け止めうるものは、私たちにとっては、永遠に確定しているものとして認識されうるような所与の秩序ではない。それは、どのように私たちが見いだすとしても、やはり、繰り返し打ち壊されなければならないような構築物ではない。それは、どのように構成されるとしても、やはり、踏み越えられなければならないような体系ではない。私たちにとっては、時間のうちで包括者のあらゆる様態において、理性は、生成しつつあり、――しかし、存在する永遠性においてあると思いながら――、生成しつつある。

あらゆる可能的な観点とあらゆる現実的な観点や、無理性的なものと反理性的なものも、いわば、自らの場を、それ自体はもはや観点ではない空間において、獲得する。

(5) 理性という包括者において、主観客観関係は一体どのようであるのか。ここにおいて、分裂における主観は何であり、客観は何であるのか。回答は以下でなければならない。すなわち、ここにおいて、構造は、包括者のあらゆる様態においてとは、根本的にことなる。理性は、主観客観分裂のあらゆる様態に、共に入り込むが、しかし、それ自体においては、理性は、そのような分裂なしに、存在する。それゆえ、理性は、包括者のほかの様態を媒介として働き出すことがなければ、なにものでもないかのようである。理性は、ほかの新たな客観性を、これと相対する新たな主観［性］として、見いださない。

理性は、理性に真剣さを授ける実存との結びつきにおいて、働く。あらゆる思考されうるものを超え出てあり、あらゆるものが向けられている一なるものによって、引き寄せられることによって、理性は、世界における運動である。

(6) 悟性（フェアシュタント）は、いまだ、理性（フェアヌンフト）ではない。言葉の使用において、悟性的と理性的が、ほとんど区別されないということは、人間が人間として思考しつつおこない、すくなくともおこないうるものの哲学的な表現を、困難にする。

悟性は、規定し、固定し、制限し、そのことによって、明晰で判明にする。理性は、開放させ、運動させ、知識されたものにおける休息を知らない。

しかし、理性は、悟性なしには歩まない。理性は、意識一般の不断の拡張を意志する。理性は、いかなるところにおいても、悟性を放棄しない。悟性の侮蔑は、同時に、理性の侮蔑である。理性の動因のもとで、悟性は、自己自身によって、自らの限界にまで突き進むことによって、自己自身を踏み越えうる。これらの限界に直面し、踏み越えはおこなわれるが、この踏み越えは、悟性を見捨てることも忘却することもせず、悟性とともに、悟性以上であるもの、つまり、ほかならぬ理性である。

（7）そのことは、尋常ならざることのように聞こえる。理性は、もしかすると、哲学の幾つかの夢と同様に、幻想であるのか。ここでは、把握されえないものに、不可能なことが、課されているのではないのか。内在者と超越者における包括者の様々の様態の確認のあとに、つまり、存在するものと私たちがそれであるところのものの究明のあとに、さらに、——ある紐帯が問題であるが、しかし、実際は、なにものも存在しないところへの——歩みが、なされているのではないのか。一つの客観と一つの主観がもはや相互に相対しさえしないところでは、私たちは力尽きるように思われる。というのは、「われ思考する」が思考されたものに、現存在が環境世界に、空想が精神的な形姿に、実存が超越者に相対したのとはことなり、ここでは、理性は理性の対象に相対しないからである。

また、［この］不確かさにおいて、あらゆる哲学することは、確かな点を、——この点においては、物事を掛けうる釘が存在せず、運動だけが存在し、基体が存在せず、あらゆるものを把握するべきものが把握されえないにもかかわらず——、もつべきであるのか。

実際、この包括者において、それへと到達することが哲学することの課題であるところの運動の空間が存在する。しかし、この包括者は、［この］空虚な空間において、自らを満たすことができず、包括者のあらゆる様態へと入り込む。これらのあらゆる様態の内実は、あらゆる方向にむけて、それを手がかりとして一なるものへ到達するところの紐帯を探求することによってはじめて、明晰で純粋になる。

第b節　この確認の性格づけ

1．現象することとの自己確認

この自己確認は、観念論的でもなく実在論的でもなく、形而上学的でもなく存在論的でもない。それは、——神は存在するのか、神は何であるのかや、世界の根拠は何であるのか、根本的な出来事は何であるのか、永遠の存在は何であるのか、という——、人がおそらく知りたいものについては、何も述べない。

それは、私たちがいかに、また、どこにあるのかを確認する試みにすぎない。それは、私たちに対してや私たちの現象することの様々な様態を示す。存在する一切は、それが私たちに対して存在することを私たちが欲するならば、それらを得なければならない。存在する一切は、それらにおいて存在し（プレゼント）（現前し）（ゲーゲンヴェルティヒ）なければならない。

ホッブズは次のように書いている◆[4]。「私たちによく知られているあらゆる現象のなかで、現象すること（エアシャイネン）そのこと、すなわち現象スルコト（ファイネスタイ）は、最も驚くべきことである。なぜならば、自然における物体のなかで、若干のものは（人間は）、ほとんどすべてのものの像をもつが、それに対して、ほかのものは、それらの像をもたないからである」▼33。（ホッブズにとっては、確かに、現象することは、感覚知覚においてだけ存在する。それゆえ、彼は、人間のみならず動物にも、現象のこの経験があると見なす。しかし、そのことは、現象することの明白な制限である。）現象することを、ホッブズは、そのような表現をほとんど用いないが、「驚くべきこと」と名づける。現象することは、私たちがつねにそこから出てそこへと帰るところのものである。現象することのこの現前性は、ほかのものからは、把握されえない。

何かが現象する（換言すれば、自らを示す、自らを開示する、現に存在する、言葉になる）という、この根本事態は、それが確実に現前しているだけに、それだけ謎である。

◆4　De corpore, Kap. 25.［Thomas Hobbes: De corpore 25, 1.（トマス・ホッブズ『物体論』本田裕志訳、京都大学学術出版会、２０１５年、４３２頁。）］

２．哲学的根本知による、真の謎への道程の照明

私たちにこの謎がより明らかになるのは、私たちが現象することそのことを意識するときである。すなわち、どのように、現象することは、現象することの形姿の多様性において、現象することとしての現象することにふさわしい根本性格をもって、おこなわれるのか。

この思考のあらゆる苦心から、私たちがもしかすると私たちを解放することができると思うのは、私たちが、感覚や悟性的な思考、直観、神話の、直接的なものによって、――すなわち、技術的に利用されうる対象的な認識においてや、文学と芸術において、祭儀において、私たちに対して容易に現に存在し、その充実と真理との点で疑いえないものによって――、心を打たれる（エアグライフェン）ときである。これらのすべては、反省によってかえって不明瞭にさせられ、実際にすでに問いに付される、と言われる。

この態度は、人間の道程を拒否する。この態度は、誘惑である。というのは、この態度は、私たちを救うように思われるからである。しかし、問いに付されることがない直接性の形式においては、真理は、〔私たちを〕つねに欺くものでもある。真理は、〔私たちを〕混乱に陥らせる。真理は、反省の欠如にもかかわらず、純粋でありつづけようとするならば、やはり、襲いかかる転倒に対して無防備である。真理は、私たちがどこにあるのかについての根本知における思考による吟味を必要とする。

心を打たれる（エアグリッフェンヴェーアデン）ことの直接性が、包括者のあらゆる様態の広さに受け入れられているならば、現存在の盲目的な自己主張の迷妄、〔空想する〕精神のたんなる魅惑、論証する悟性のたんなる主張、信仰がすでに真理においてあるという傲慢は、消え去る。

偽の謎が見通されるようになるのは、一切を包括する謎が真の巨大な思考において現前する程度に応じてである。〔PGO 126-130〕

3．空間の共通性を確認するという意図

現象することとの様々な様態の現前化によって、私たちは、私たち人間にとって共通な空間を照明し、この空間において、私たちは、私たちが思念するものと私たちにとって存在するものを相互に伝達する。

そのような自己確認は、その意図によれば、内実のあるあらゆる哲学に先行している。それは、共通に把握されうるもの、共通に可能なものを、欲する。[PGO 147]

この自己確認は、科学とはことなり強制的な普遍妥当的な洞察へといたらないにもかかわらず、やはり、自らはいまだ信仰を表明しない。それは、科学的な認識と実存的な哲学の境界上にある。

包括者の様々な様態の彫琢は、そのことによって物事の根拠について情報としての知識をもちうることを、意味しない。そのことは、暫定的な、ゆえに変更されえ、深化されうる性格をつねにもたなければならないような図式を、構想する。その構想は、この原理からはなされず、自らの完全さの保証はもたず、閉鎖された体系には、――図式において、自らに、この形姿を、一時的に与えることができるにもかかわらず――、ならない。

包括者の様々な様態の洞察は、浮動させ、それ自体、浮動している。[PGO 149]

4. 存在論でなく、包括者存在論

包括者の様々な様態の現前化においては、私たちは、（アリストテレス以来の偉大な形而上学的段階理論のような）客観的な存在者のカテゴリーにおける様々な段階をではなく、包括者の様々な空間を、探求する。すなわち、私たちは、存在の様々な階層をではなく、主観客観関係の様々な根源を、探求し、存在論的に、対象的に規定された世界をではなく、包括者存在論的に、そこから主観と客観が一体的にまた重畳的に関係づけられつつ由来するところの根拠を、探求する。

5．様々な根源の関係

包括者の様々な様態についての私たちの叙述は、短く言えば、一つの系列を示したにすぎない。しかし、決して、これらの様態は、集合体として同一の平面に並び立つわけではない。世界の現実の包括者の様々な様態（意識一般・現存在・精神――世界）と、世界を踏み越える現実の包括者の様々な様態（実存――超越者）のあいだには、一つの飛躍が存する。あらゆる様態の重畳的（アウフアイナンダー）な関係、あらゆる様態の相互的（ゲーゲンザイティヒ）な貫通は、ここでは展開されえない、多様なものである。いかなる様態も、中心であると僭称し、そのことによって、あらゆることを誤りにさせる。確かに、最終的に、包括者は、一つであり、あらゆる包括者の包括者、つまり超越者である。私たちは、可能的実存であるかぎり、そのようなものとして、超越者に語りかけ、超越者に私たちを直接的に関らせる。しかし、超越者が私たちに現前的になるのは、包括者の多数の様態においてである。これらの様態すべては、相互に補完を要求し、自らによっては存在せず、自らにおいては完結されえない。

しかし、私たちは、超越者から、それらを導き出すことができず、超越者それ自体を、ふさわしく思想において獲得することができない。

包括者のこれらの様態は、根本的現実であり、これらの根本的現実のあいだの緊張において、私たちは実際に生きる。[PGO 130-131]

6．包括者は、客観ではないが、やはり、客観化を経る途上でだけ思考されうる

包括者は、私たちがそれについて思考するとき、それへと一見するとなるところの客観ではない。包括者についての思考においては、私たちはそれを自らに、不可避に一瞬間、客観にせざるをえない。なぜならば、私たちは、主観客観分裂から、抜け出ることができないからである。私たちは、思考することによって、すでにそのなかにいる。

それゆえ、私たちが包括者について思考するのは、この客観であることを取り消すことにおいて、ゆがめるが不可避な方法によって、包括者を確認するという意図をもってである。

そのことは、包括者について思念するさい、包括者について思考しながら、やはり思考においてつまり分裂においてとどまりながら、包括者について対象的なものとして思考するという、逆説性である。この試みは、思考において踏み越えられない限界を意識しつつ、この限界にもかかわらず、対象になることとなしに存在するものを確認するという、一つだけ可能な試みである。包括者は、開示されることによって、むしろつねに、同時に対象（客観）と自我（主観）である。

実存照明を実存についての知識に客観化することは、哲学することの本来的な破壊である。そのとき、自由でありうることへの呼びかけとして展開された概念は、人間を（その行為と思考を）実存的に評価しながら包摂する手段に、転倒させられる。［また、］そのとき、ある人は、自らが現実的実存でもあるかどうかを、愚かにも知ろうと欲する。［また、］そのとき、実存照明する哲学することがそれとしてやそれのためになされるところの内的行為は、なにものかについての知識だと勘違いされたもののために（たとえそれが空想的な知識であるとしても）放棄され、哲学は、一種の心理学になる。

7. 相互に包括しあうことの逆説性

包括者の現前化においては、私たちは、再び主観客観分裂に陥る。しかし、それだけではない。包括者の現前化は、私たちにとっては、さらに、包括者についての思想がとらえるものの区分の手引きにもなる。私たちがそれであるところの包括者は、存在それ自体がそれであるところの包括者に対置される。すなわち、一方の包括者は、他方の包括者を包括する。包括する存在から、私たちがそれであるところの包括者は包括される。私たちがそれであるところの包括者によって、「包括する」存在は包括される。

一方の包括者が言明されることにおいて一切の思考されうるものの不可避な二重性に、再び捕えられざるをえないという、この交互の包括は、神の、神を取り囲む天使の合唱への関係を、ダンテが目にするとき、壮大に単純な仕方で表明される。すなわち、神は、「神が包摂するものによって、自ら包摂されるように見える」、あるいは同じことであるが、「神が包摂するものによって[34]、包摂されるように見える」[5]。［PGO 124-125］

◆5　Paradies 30, 12.［Dante Alighieri: La Divina Commedia, Paradiso 30, 12.（ダンテ・アリギエリ『神曲：天国篇』原基晶訳、講談社学術文庫、２０１４年、４４６頁。）］

第c節　包括者の確認のいくつかの帰結

1．主観客観分裂を踏み越えること

包括者においては、主観の自己確認は、同時に客観の自己確認とともに、両者の意味の多様性の自己確認としてなされる。自己確認は、同時に存在確認である。

私たちは、様々な現象に、分裂によって可能にされたものとして、気づくとき、自らが、そこにおいてのみ存在するものが私たちに示されるところの主観客観分裂においてあることを、知るが、この主観客観分裂は、やはり同時に牢獄のようである。分裂によってはじめて、私たちにとって可能な明瞭さが生じるにもかかわらず、やはり、私たちは牢獄から抜け出たい。私たちは、主観客観分裂を踏み越え、その根拠へと、あらゆる物事とわれわれ自身の根源へと、行き着きたい。牢獄からのこの踏み出しは、二つの道で可能であるように思われる。すなわち、

第一には、神秘主義的な経験へと入り込むことによってである。主観と客観の神秘主義的な合一（ウニオ）は、いかなる形姿の自我も、同時に様々な対象とともに、消え去らせる。しかし、そこでは、分裂とともに同時に、言葉も止み、言葉とともに、交わりや交わりに入りうるものも止む。分裂における現象である私たちの世界から見ると、そこには何もなく、心理学的に記述すると、共同の意味をもたない奇異な体験だけがある。というのは、各人が、各人の固有の状態としての、無限な至福や純粋な光の完全な明るさとして描写される状態へと、沈潜し、この各人の固有な状態においては、固有性は、確かに放棄されているが、しかし共同性によって充実されていないからである。

第二には、分裂の踏み出しがなされるのは、包括者それ自体の気づきによってである。この踏み出しが、抽象的な指摘においてではなく、思考する人間それ自体の状態において、なされるならば、この哲学的根本操作によって、人間の存在意識の向き変えが始まった。私たちは、実際は、主観客観分裂にとどまる一方で、私たちに、やはり、この主観客観分裂は、私たちが限界に行き着く仕方で、意識される。この限界に直面して、私たちは、包括者における自らの状態を現実として感じ取るが、この限界を意識することは、私たちを変革する。というのは、牢獄にありながら牢獄について知ることは、確かに、時間における事実から解放しないが、しかし、思考によって以下のところへ解放するからである。すなわち、私たちが、確かに、根源と目標を認識しないが、しかし、根源と目標に規定するちからとして気づくところである。そのことによって、分裂において、様々な現象それ自体は、より明らかになり、それらの現象において、包括者は、より現前的になる。牢獄は、近づかれえないものに沈潜させる神秘的合一（ウニオ・ミスティカ）によってのようには、打ち破られない。しかし、牢獄として認識されていわば外からも見られるときに、牢獄それ自体は、隈なく照らし出される。包括者によって照らされた、時間における様々な現象の展開は、牢獄をして、牢獄であることを、ますますわずかにさせる。

2．主観と客観の相互の誤った対立

以下のたび重なる衝突が存在する。すなわち、一方の者が他方の者に対して、その他方の者が客観性を主観性において消え去らせるということや、その他方の者が自己自身としては主張された客観性において消え去るということを、批判する。

一例。私は次のことを書いた。「狂信者は、神の声の多義性を聞き落とす。神が言い、望むものを確かに知る者は、神を、その者が意のままにする、世界における一存在者にし、そのことによって迷信への途上にある」▼35。そのことによって、私は次のことを言おうとした。私は、神が言い、望むものを知り、それを、他者への私の要求の正当化のために、持ち出すとき、神を、意識一般における「われ思う」が認識する自らの対象をそうするように、客観にした。神をこの意味における客観にすることは、神を偶像にすることである。この行いは、迷信を意味する。神の要求を普遍妥当的な知られたものとして表明することは、主張を絶対的なものによって根拠づけることである。この絶対的なものは、主張それ自体を、絶対的なものにし、それゆえそれ以上の吟味から引き離す。この行いは、狂信を意味する。ある神学者が◆6、そのことを批判する。その神学者によれば、信仰は、特定の信条に確定されると、対象や知識に変えられておりもはや純粋な信仰ではない、という解釈にさいして、「私たちは、真理は、完全に確信として理解されると、自らの客観的な相関物を失う、という特有の事態に直面する。私は、自ら妥当する真理に関し、確信しているのではなく、私の確信それ自体が真理である。ヤスパースは、キルケゴールの以下の命題を好んで引き合いに出す。「主観性が真理である」」。

そのような批判にさいして、人は、――私が思うに――、特殊な主観客観関係だけを見るとき、非常によく理解しあうことができる。真理であるのは、主観的性格だけをもつ「確信」ではなく、自らの客観とともにある確信である。正確に、あるいは不正確に、対象について知識する意識一般において、この主観は、この意識［一般］の普遍的で代理可能的な点である。しかし、神の信仰にとっては、この主観は、可能的実存である。超越者の暗号に、歴史的な実存の無制約性が対応しなければ、それらの超越者の暗号は、枯れ葉の乾いた音にすぎない。認識されうるか開示されうる客観的な対象についてのように、同時に主観が真剣な実存として現前的であることなく、暗号について語られるとき、もちろん、迷信と狂信がのこる。キルケゴールの、「主観性が真理である」[36]という命題は、彼においては、意識的に挑発的に「講義する」だけの哲学者や神学者、牧師に対して書かれている。キルケゴールこそが、客観性を、——客観性のここでは根本的にことなる性格を意識させたことによって——、この実存的な主観性において、保持した[37]。

包括者の様々な様態の確認が可能にするのは、主観と客観や主観性と客観性の相互の対立を阻止することである。第一に誤りであるのは、主観と客観を唯一の仕方で受け取ることである。第二に誤りであるのは、特殊な客観性に固有な主観性を指し示す者を、その主観性ゆえ、咎めることや、主観性から自由であると勘違いされた客観性を真理と見なすことである。いずれの場合も、むしろ、どの主観であるのかとどの客観であるのかが、問われなければならない。つねに、両者は、互いに属し合い、互いがなければ存在しない。

包括者のいずれの様態においても、主観と客観の分裂と、両者の相互的な関係は、特有な関係である。意識一般においては、様々な対象に考えながら向けられていること。現存在においては、内的世界と環境世界の関係。精神においては、空想と形成物の関係。実存においては、それによって私があるところの超越者に関係している自由としての私自身。

様々な現象につねに当てはまるのは、客観がなければ主観はなく、主観がなければ客観はない、ということである。というのは、分裂において現象する包括者は、つねに、主観存在の一様態を客観存在の一様態に相対させるからである。たとえば、現存在を環境世界に、意識一般を世界内の思考的・思念的な様々な対象に、精神を様々な形姿に、相対させる。この内在者からの飛躍のあとに、類比的に、実存と超越者が、相対する。超越者への関係がなければ、実存はない。

私たちに分裂において現れる現象は、それらの客観性の非常に様々な様態をもち、これらは、これらに対応しているそれらの主観性の非常に様々な様態に対して示される。

◆6　Hendrik van Oyen, Theologische Zeitschrift 1957.［Hendrik van Oyen: „Der philosophische Glaube" In: Theologische Zeitschrift, Jg. 14, Friedrich Reinhardt, 1958, S. 33.（ヘンドリック・ファン・オイエン「哲学的信仰」（未訳））］

3．内在者から超越者への飛躍

世界は、私たちの認識にとっては、自らにおいて閉ざされている全体ではなく、調和的な全体的出来事ではなく、一義的な因果関係における一貫的な合目的性ではない。世界は、自らにもとづいては、把握されえない。世界は、この全体性の統一性であるならば、それ以外にはほかのなにも存在しないところの存在それ自体であろう。世界は、神と一つであろうし、神は、世界のこの全体にほかならないであろう。［PGO 135-138］

そのことが明瞭になるのは、私たちが、（つねに世界の内部にあり、つねに事柄と方法によれば部分的なものであり、決して世界の全体ではない）認識の対象を、世界の全体の一つの像を表象させる

暗号と、混同しないときだけである。これらの暗号（世界の様々な像や世界の様々な相）においては、認識は獲得されない。どの暗号が、ある状況内の実存的な自己確信にとって、より本質的な言葉のちからをもつかだけが、決断されうる。

科学的な認識にとっては、世界は、地盤を欠いている。この洞察がはじめて、思考に、実存の自由のための空間を生み出し、実存に、世界から超越者へとそれが飛躍する可能性の意識を生み出す。

この飛躍は、尋常ならざる帰結をもつ。すなわち、私たちは、第一に、世界に対して自由になる。というのは、世界が全体として自らを閉ざさないときはじめて、私たちは、私たちを捕え世界を制限しようとするいかなる世界の像やいかなる世界の殻も突破し、――果てしないものへと進みながら――、世界において現出するものの制限されない認識へと前進するからである。

そのことによって、私たちは、同時に、世界における私たち自身に対して自由になる。私たちは、現存在としては、私たちの事実において完全に世界の内側に由来をもつにもかかわらず、可能的実存としては、世界の外側に根源をもつ。この根源から、私たちは、世界において働く。

私たちは、最後に、超越者へと関係する私たち自身に対して自由になる。あらゆる世界存在において浮動へと到達し、私たちは、超越者における地盤に触れる。ここに避難所がある。超越者が、世界においては、いかなる暗号によっても、結局のところは、多義的に語り、選択と決意の敢行を私たちに課すとしても、私たちは、そこから世界に帰り、世界を歩む途上で自らの状況において自分のものになる課題を、――超越者の経験された確信のもと――、把握する。

世界は、もはや、即自的な存在者としては、重みがない。あらゆる全体表象は、（機械論であれ、生物学主義であれ、実在弁証法的世界過程であれ）偽りのものとして、見抜かれる。それらはすべて、特定の観点における諸局面の一性格だけを保持する。私たちの洞察にとっては、いかなる支配的な、全体についての理論も、欠落している一方で、数多くの理論は、世界における経験的な認識にとってその限定的な実り豊かさをもつ。世界において現実的である一切のものに対して、開かれてあることが生じ、いかなるあらたな経験へも、全体の先行的な構想から自由な心がまえが生じる。［PGO 138-139］

内在者と超越者は、合理的な抽象化においては、絶対的な対立である。実存照明においては、しかしながら、それらは一体的に現前的であり、しかも、**この瞬間にこの状況で永遠的なものの現象になるものの歴史性においてである。**そのつど考えられ為されるものは、**包括者の様々な様態によって、この現象へと規定されているが、**そのとき、**これらの様態は、**あらゆる**包括者の包括者によって、隈なく照らし出されている。**

超越者が自らの現実をもつのは、実存に対してであり、現存在、意識一般、精神に対してではない。しかしやはり、超越者は、これらの媒介において現象しながら、それ自体としては内在的である暗号において語る。

人が、いかなる主観客観分裂においても、主観に対する客観を、超越的と呼ぶならば、超越者の概念は、どうでもよいものへと水平化される。超越者が、しかし、実存に対してだけ存在し、つまり、それの主観面が実存を意味するところのものの客観面であるならば、この超越者は、意識一般に対して、妥当性として存在することもなく、現存在において、事実的な客観物として存在することもない。

私が超越者を現実的なものとして経験するならば、私は、私自身として、つまり実存として、現実的である。しかし、私が、——現存在、意識一般、精神として——、超越者を現実的なものとして主張するならば、超越者は、包括者のこれらの様態に固有な現実の意味においては、むしろ虚構である。しかし、現存在、意識一般、精神において現象するものは、超越者の暗号として超越者の言葉になりうるが、しかし、それを聞き取ることができる可能的実存に対してだけ重要である。

第d節　唯一の真理への転倒の阻止

1．哲学的信仰における包括者の自己確認の意味

私たちがいかに、また、どこにあるのかの自己確認の試みは、それ自体がそれだけで哲学であるわけではない。というのは、その試みは、いまだ真理の様々な内実を展開するのではなく、それらにおいて真理が私たちに現前的になるところの様々な形式と方向だけを展開するからである。しかし、その試みは、哲学の本質的な要素である。というのは、この自己確認への無条件的な意志においては、信仰の端緒が、すなわち、限りなく開かれていることへの心がまえが、存するからである。

理解されえないものを有限な現象の様々な形姿に受け入れ、それらに神性それ自体だとして従属する信仰的服従とはことなり、哲学的信仰は、包括者の様々な様態の確認の心がまえする試みにおいてすでに、現前性によって自ら確信しようとする意志である。限界を、——しかし、私たちが、私たち

の思考の能力に相応して分裂する様々な形姿において、把握する限界として――、経験することは、これらの形姿を、決して、服従を要求するような客観的なものにはさせない。

しかし、いまや、この確認それ自体は、根本的なものにおいても、決して完成的なものとして確定されえず、最終的なものとして確定されえない。自己確認についてのたんなる思念が、おのおのがそれをもつことが許されるゆえに、きわめて疑わしい、というだけではない。非常によく省察された自己確認の全体も、なおも再び問いに服し、暫定的図式としてだけ確定される。それは、科学と類比的に、運動においてある。それは、独断的になるならば、真理としては消失している。

［この確認の］試みそれ自体は、全体としては、私たちをさらなる思考から解放しようとする私たちの傾向への、つねに繰り返されなければならない攻撃である。その試みは、思考において以下のものに、――［私たちを］脅かし、日常の安寧を放棄し、実現されえない要求をし、それゆえおそらく、〈考えすぎるな、反省は病をもたらす！〉ということを意味するものに――、遭遇するという私たちの不安へと、向けられる。［PGO 139-140］

2．真理の意味の多重性

包括者の**いかなる様態においても**、**真理**は、**自らに特有な意味をもつ**。すなわち、**意識一般**においては、いかなる「われ思考する」にとっても強制的な普遍妥当性という意味、――**現存在**においては、それぞれ特定の個々の現存在の生命・自己主張・幸福・自己表現の実現という意味、――**精神**においては、理解と、様々な形姿へと完成させることにおける理解されたものの理解の、運動という意味▼[38]、

——実存においては、愛と理性の無限に深まる反復による歴史的な決意の無制約性における根源との同一化という意味。

真理の伝達においては、合意か反発がなされる。すなわち、意識一般においては、代替可能な点のあいだの強制的な認識の共通性、——現存在においては、一致し［合っ］たり排除し合ったりする自己主張と自己拡張の様々な関心、——精神においては、様々な形姿や運動、表象、挙動、仕草の様々な形式を自由に非拘束的に楽しむ気もちの共通性、——実存においては、代替されうることなく各々が——自らとして現に、また、互いに永遠性において結びつきつつ——存在する人間のあいだでの、交わりを求める愛しながらの争い、争いながらの愛。

包括者のいかなる様態においても、別の真理が決まる。それらは、一つの共通の根拠をもつのであろうか。［PGO 123］

3．唯一の真理への転倒。一なるものの肯定的な意味

真理は唯一だということは、自明であるように思われる。

そのことは、意識一般の思考にあてはまる。思考されたものは、そのつど、正確であるか、不正確である。

そのことは、理性における唯一の真理という理念にあてはまる。理性は、理念へと無限に前進し、そこからこの運動の現前へとわずかに光を投げかけるが、しかし、自己自身に［それを］先取りさせない。

そのことが**実存**の真理にあてはまるのは、それが、それぞれ唯一の真理であり、そのようなものとして知られうるものではないかぎりである。他方で、あらゆる可能的な実存の共同は、実質的に多様なものの限りない交わりという理念においてだけ、理性にとっての動因でありうる。

しかし、唯一の真理が、唯一の形姿において哲学として主張されるか、哲学の進歩によって可能なものとして見なされるとき、唯一の真理はとらえられていない。哲学的な独断論が展開されると、そのとき、真理は失われる。

唯一の真理が、啓示されたものとして見なされて（、それのほかに救済はないとされる）ところにおいても、唯一の真理は存在しない。この真理が重みをもつのは、それにおいて一つになるそれを信じる者たちの集団にとってであり、万人にとってではない。神学的な独断論が展開されると、そのとき、真理は失われる。

様々な独断論的な転倒は、ある包括者の真理を別の包括者の真理の形式においてもとうとする様々な様態として、解釈されうる。すなわち、哲学的な真理や神学的な真理も普遍妥当的意識一般の形式においてもとうとすることである。様々な包括者の真理の意味の取り違えや流動的な一体化は、真理を破壊する。

4．包括者の個々の様態の絶対化による唯一の真理という偽り

唯一の真理という偽りは、**一つの包括者の絶対化によって生じる**。

というのは、包括者の総体とともにだけ、また、包括者の総体においてだけ、真理は、唯一で完全

な真理でありうるであろうからである。人は様々な現象の図式を構想できるが、これらの現象において、一つの包括者の分離と孤立によって、偽りの唯一の真理のそれぞれ特殊な形姿が生じる。

現存在は、いわゆる実用主義や、生物学主義、心理学主義、社会学主義において絶対化され、意識一般は、合理主義において絶対化され、「精神は、「形象」において絶対化され[39]」実存は、（ニヒリズムになる）実存主義において絶対化され、世界は、唯物論、自然主義、観念論、汎神論において絶対化され、超越者は、無世界論において絶対化される。

理性だけが、絶対化されえない。それだけでは、理性は、なにものでもない。包括者の一切の様態をつらぬく理性の運動においては、理性は、誇張されえない。理性は、決して十分ではありえない。理性は、踏み越えられえもしない。理性は、遠くへと突き進むほどそれだけより真になる。理性は、それに固有な客観化と主観化をもたない。［PGO 140-141］

5．様々な真理の争い

包括者の一切の様態において生きる私たち人間は、完全な真理を享受しているのではなく、真理への途上で、様々な争いから逃れられない。［PGO 463］

確かに、いたるところにおいて、様々な結びつきが起こる。しかし、争いが、包括者の様々な様態の内で、それらにおいて生じる様々な現象の多様性のあいだで、なされる。そして、争いが、包括者の様々な様態の側で、相互に、なされる。［PGO 203］

私たちは、様々な争い［合う］勢力の世界にいる。現存在における、策略と暴力による、自己主張をめぐる争い、——意識一般における、議論による争い、——精神の空間における、空想の様々な形姿による、地位と影響をめぐる争い、——実存の、共同しつつ自らになることをめぐる愛しながらの争い。つねに争いがある。［PGO 464］

私たちは、戦線（カムプフフロンテン）を見渡さない。私たちは、そのなかにいる。

一切である人間は存在しない！　一個の人間において現実になった真理が完全で唯一な真理ではない。

どんなもののためにやどんな根源からして私たちが生きるのかについての明瞭さを、完全な明瞭さを獲得することなしに、私たちが自らの具体的、歴史的な決意を確信しているとき、自己省察において私たちは探し求める。［PGO 464］

私たちは、図式的に、全体の以下の像を見る。すなわち、私たちの現存在の様々な情熱は、私たちがおこなうあらゆるものの生気の条件であるが、しかし、私たちを絶えず誤りへと追いやる。意識一般の悟性は、相対的なものにおけるあらゆる明瞭さと正確さの条件であるが、しかし、——それが真理の全体を正確なものとして規定しようとするとき——、私たちの真理の意味を転倒させる。精神の魅惑は、私たちの空想が働いており、それがあらゆる現象の言葉を聞かれうるものにさせる空間にとって必要であるが、しかし、美的な仮象の世界に誤り導く。実存的なものの無制約性は、それが歴史的であることにおいて、例外であることの微かな輝きによって、つねにすでに照らされるが、［しかし、］孤立し、この孤立において、世界に直面して挫折し、消え去る。［PGO 463-464］

包括者のこれらの様態の要素に、不要なものは存在しない。いかなる要素も、必要で不可避的である。しかし、自らだけにもとづく切り離されたもの（絶対的なもの）になることが許されるものは存在しない。

しかし、全体は、調和的な統一性を有する有機体としては、現実的ではない。人は、全体を、そうした統一性としては、事実的なものと可能的なものに対して盲目的になることなしには、把握することもできない。

しかし、有機的な全体の統一性が存在しないとしても、やはり、対象をもたない信仰における統一性への努力が、（理性として、）超越者にもとづき働き出す。中断されえない運動にある包括する紐帯としての理性と、想像もつかない平穏にある超越者という一なるものが、出会うが、両者とも対象をもたず、両者とも主観客観分裂の彼岸にある。［PGO 464］

第e節　要約：哲学的信仰にとっての、包括者の確認の意義

1．実存と超越者は、それらに特有に固有な現象をもたない

現象が包括者の様々な様態に従って区別されるならば、われわれの真理意識の明瞭さにとっては、それらの分離と結合が同様に必要である。本質的であるのは、以下である。

実存が自らになるのは、内在者の様々な現象においてだけであり、神秘的合一においてではない。超越者は、現象しない。［PGO 156］**決定的には、超越者は、自由をとおして、実存に語る。実存的**

な自由の経験は、超越者が現象することの類比物のようである。すなわち、私たちは、自らの自由に気づく。自由は、自らによっては存在しない。自由は、自らに贈り与えられたものであることを知っている。自由は、自らの固有の根源であろうとするならば現れないこともありうる。自由は、超越者によってだけ存在する。この根源の意識は、あらゆる世界存在から独立しており、そのことによって、この世界存在に対して限りなく開かれている。

［以上とは］別様に遠くの輝きにおいて、超越者は、包括者のあらゆる様態から、［実存に］語る。すなわち、あらゆる現象は、暗号になりうる。たとえば、世界存在が、自然の気分と形姿と事象において直接的に語り、認識によって新たな言葉になるとしても、ここで可能な暗号の総体は、多義的である。ここで可能な暗号は、超越者に至りうることもありうる。超越者から離れうることもありうる。それらは、悪魔的なちからをもつ言葉として働くこともありうる。どこにおいても、神それ自体は現象しない。つねに暗号だけがある。これらは、部分的であり、多くの方向を指す。実存の自由は、それらを聞き取り、見て取り、それらを把握し、拒絶する。

つまり、実存と超越者の両者は、それらに固有な現象をもたない。人間の現実における実存の自由という現象の類比物に、暗号の言葉における超越者の現象の類比物が、対応する。［PGO 158］

2．包括者の様々な様態の確認の枠組みにおいては、受肉と啓示は思考されえない

しかし、こうした確認のあらゆる道程においては、一つのことが思考されえない。すなわち、超越者が、あらゆるほかの事実から区別された、世界における神的な事実としてや、場所と時間に結びつ

けられた、神的な啓示として、特殊な受肉を見いだしえて、この特殊な受肉が、そのことによって意識一般にとって対象的に理解されうるようになる、ということである。

この不可能性(ニヒトケネン)は、包括者の様々な様態において——すなわち、それらの分離と結合と分裂において——生きている私たちにとっての不可能性(ウンメークリヒカイト)を、意味する。包括者の様々な様態の総体のこの枠組みにおいては、そのような受肉は、鉄が木であり、2かける2が5であり、実在性が妥当性であり、存在が当為であるなどと同様に、不可能である。

そうではあるがしかし、可能であるのは、私たちが創出した暗号において、ペトルス・ダニアミ以来すくなからぬ人がしたように制限されていないちからとして考えることによって▼40、それによってあらゆるものと私たち自身が存在するところの包括者の包括者、すなわち絶対他者を、私たちが知っているあらゆるものの現象性を意識しながら感じ取られうるようにすることである。[PGO 164] すなわち、神は、完全に他の論理や完全に他の自然の秩序を創造しえた、——私たちのあらゆる真理は、創造されたものであり神にとっては妥当しないので、私たちにとっては不合理に思われるものは、神にとっては真でありうる、——神は、自らの創造物に結びつけられておらず、それを打ち砕くことやそれを無に戻すことをなしうる[、という暗号である]。そのような思想は、暗号としては、ちからをもたないわけではない。世界のおのれの状況にもとづく実存だけが、それらを真なるものとして聞くことや、むしろほかの暗号をえらぶことが、ありうる。すなわち、無時間的に妥当する論理的な真理に、神も結びつけられている、——神は、自らの創造物を、自らが意志したものとして、自らの恣意によって変更することや破壊することを、意志しえない、——というのは、神は暴君ではなく、自己自身の意志に拘束され、欺かず、誠実であるからである［、という暗号である］。［PGO 239-240］**これらの奇妙な暗号は、——両者とも、神の人格化を前提するので——、私にほとんど語りかけない。しかし、それらが私に語りかけるとすれば、誤った仕方で宥める調和づける暗号よりも、謎を深めとてつもないものを目から外さないので、ペトルス・ダミアニの暗号が、より私に語りかける。**

ペトルス・ダミアニの性格をもつ暗号によってだけ、受肉は、——この、人間のいかなる確認にとっても不合理なものは——、把握不可能でありつづけるのみならず不合理でありつづけもする神の恣意的な行為の一つとして、思考されうるが、しかし、つねに、神の一つの可能性としてだけ、思考されうるのであり、人間の解釈の一つの可能性としてや自己確認と存在確認の最も広い枠組みにおいても、思考されえないのである。帰結は、この可能性が人間によっては決して実現されえない、ということである。それゆえ、そうした不合理なものの承認は、人間としての人間にとって可能な、真理のいかなる意味においても、理解されえないものの承認を、意味する。しかし、そのことは、一なるものへの盲目的な服従を帰結としてもち、実際にこの一なるものは、世界において、人間の世界の事実として、この不合理的な主張を神に由来するものとしてかかげる。

そのことに決定的に反対するのは、神と関わらず、世界を絶対的なものとして世界から説明する制限された啓蒙ではなく、神がなしえないことを知っていると思っている、かの怠惰ないいかげんさでもなく、哲学的信仰である。哲学的信仰は、自由と良心との経験によって呼び覚まされ、神の思想においてこの現実の根拠へと超越する。この哲学的信仰は、自由を裏切るとき、神を裏切ると考える。責任、敢行、自由における高邁な飛翔、逃れ出たいと思う自由の重荷、時代の状況において可能的な実存としての私たちに与えられるものの困難と課題、――これらのすべては、自らの状態を自らが自己であるという経験にもとづいて確認する人間にとって、明らかになる。しかし、人間は、――世界において要求する絶対的なもの、全体的なもの、不合理なものへの服従に、実際には閉じ籠るときには――、それらのすべてから、逃れる。[PGO 240-241]

3. 相互に区別される科学、哲学、啓示

包括者の様々な様態は、科学、哲学、啓示の区別を、根拠づけ承認する。

科学は、意識一般において、対象的に強制的に、いかなるほかの任意に代理が可能な意識一般とも共通に、認識する。意識一般の形式と方法において、包括者のあらゆるほかの様態は、それらの現象によって、客観化しながら認識することの材料になる。科学は、万人の一致を、意識一般にとっての妥当するものにおいて、獲得する。

哲学は、意識一般を媒介としながら、包括者のあらゆる様態の根源にもとづき、これらの根源の内実そのものを、様々な思想において語らせる。哲学は、様々な勢力の争いにとどまるが、これらの勢力を見渡さず、この争いにおいて限りない交わりを求めつつ立っている。

啓示があるならば、それは、世界への超越者の突入であり、いまや時間的・場所的に結びつけられた事実によって直接的伝達になる。この事実は、神の現実それ自体だとされる。啓示は、唯一的な絶対的真理だという主張をかかげ、この真理は、究極的なものとして服従と従属を要求する。この主張は、世界においては、つねに人間によってだけ、かかげられるにもかかわらず、人間は、この主張は

神に由来すると確言する。［PGO 164］

第f節　懐疑主義？

懐疑主義者と見なされるのは、哲学においては、思念上は究極的に根拠づけられているがゆえに不可侵な命題における体系的に展開された確信を容認しない者であり、啓示信仰においては、信仰告白によって唯一の真の信仰を表明せずに保持しない者である。懐疑主義は、非難の言葉である。［懐疑主義だという］非難は、該当者に嫌疑をかける。その者は、信頼のおける人間ではない。その者は、孤立した生を送る。その者は、解体させるゆえに危険である。――懐疑と懐疑主義について若干の究明をおこなうことは、適切であるように思われる。

1．包括者の確認は、信仰の確認である

包括者の様々な様態の確認と、それとともに、それにおいて私たちがあるところの現象の様々な様態の確認は、私たちの自然な存在意識の確かさを、――この存在意識が、事実を、把握されうる仕方で、究極的に目にすると思うかぎり――、放棄する。その確認は、私たちから、日常的な地盤を奪い去る。しかし、そのような確認は、懐疑主義をではなく、信仰の確認を欲する。その確認は、私たちを、いわば、主観客観分裂におけるとらわれから、私たちがそれに気づくことによって解放することを、

可能にする。その確認は、私たちを、客観化に巻き込まれていることから、私たちがいずれの客観化の特殊性も把握することによって解き放つ。その確認は、私たちを、自我への束縛から、私たちが「自我（イッヒ）」のいずれの思考された形式も本来的な「自己（ゼルプスト）」ではないものとして認識することによって解き放つ。主観客観分裂の確認によって、私たちは、それにとどまりながら、それを超えてゆく。

この解き放ちによって、私たちははじめて、哲学することの状況に到達する。哲学することの意味は私たちに、――それから私たちが解き放たれるところの地盤上で、本来的な真理へと定位されつつ――、浮動を要求する。

2．分裂と統一

統一は、包括者の種々の様態に解消されている。これらの様態は、唯一の原理からは演繹されえない。むしろ、世界は、様々な科学にとって、包括者の存在は、「包括者の」自己確認にとって、分裂させられている。しかしながら、多様性が最終的なものであるならば、統一とともに、真理も失われているであろう。

しかし、多様なものの確認は、統一への無関心さではなく、真の統一への意志である。しばしば誤り導きながら現れる早計ないかなる統一においても、真理それ自体は、獲得されていない。分裂の経験によって、分裂が耐え難いゆえに、私たちは、問いによってはもはや疑わしくなりえないかの統一へとせきたてられる。私たちは、唯一の真の統一においてだけ平穏を獲得するので、それを問う。

3. 生を実験と見なすことは、懐疑主義における空虚な自我をのこしておく

それにおいて私たちがあるところの不確実さにおいては、生は、「それは一個の実験である」という言葉によって誤って名づけられるような性格をもつ▼41。［そのように名づけられるならば、］実施をする実験者は、自ら、同時に実験であり実験者であるであろう。しかし、自らの決意の総体を試行として解釈し、自らを試行者として背後（ヒンターグルント）においては触れられないままにしていると勘違いすることによって、世界における自らの道程の真剣さを放棄する者は、継承する忠実性や連続する歴史性の可能性を失う。その者は、自己存在を失う。たんに試行するだけの者としては、その者自らは、他者にとっても自己にとっても、現に存在しない。というのは、自らを背後においては保持すると勘違いするかの自我は、自らの実存に歩み入らず、一切を自らの実験の前面（フォアデアグルント）としてだけ扱い、ただの点であり、実際は非存在であるからである。この非存在においては、何も救われない。そのことを、「実質的な」懐疑主義者は、私たちにとっては把握されえないが、おこなうであろう一方、哲学的信仰は、――現存在において、歴史的に、他の実存とともに、自己になるために――、現存在に沈み入る。

私がそこにいないかのように、生を成り行きにまかせることは、「世界外のものの」（点的な自我の）ための世界の放棄とともに、実存の実際の喪失であるように思われる。そのとき、実践においては、決定的なあれか‐これかはもはや存在せず、無制約的な決意は存在しない。しかし、世界と世界内存在がどうでもよいものになるかの可能性を選択する「決意」は、実現するとしても、実存的な決意ではもはやないであろう。

というのは、世界の現実において決断せず、作用しない決意は、実存の決意であるように思われず、

別様なものの、奇異なものの[42]、交わりにおいて把握されないものの、いかなる包括者においても不確実な、「自我」の非存在の、決意であり、ニヒリズムである懐疑主義の一つの様態であるように思われるからである。

しかし、この限界に直面して、私たちは再びためらう。私たちにとって存在しないように思われるもの、世界において主張を放棄するもの、しかし、そのような主張をやはりかかげるならば、――世界における態度にしたがってだけ、また、包括者の様々な様態の内部で可能な動機にしたがってだけ――、評価され検討されることが許されるものは、確かに、私たちが試みた包括者の様々な様態についての確認の地平の外部に存在するが、しかし、啓示の可能性のように、可能性として、私たちにとっては答えられえない問いでありつづける。

4．哲学の道程としての懐疑

懐疑は、哲学することにおける絶対に必要な道程である。それゆえ、本来的な哲学は、哲学的な独断論者にとっては、懐疑主義として現れざるをえない。

私たちにとってそのつど可能な最大限の正確さを獲得するために、私たちが科学において方法的に批判するならば、それは、懐疑的な運動であるが、しかし、懐疑主義ではない。私たちが、哲学において、方法的な普遍妥当的科学になりうることなしに科学的な認識の性格をとる様々な言明を、客観的な認識としては、拒絶するならば、それも、懐疑的な運動であるが、しかし、懐疑主義ではない。

しかし、そうした様々な言明のいかなる意味も否定するならば、それは、懐疑主義である。そうした様々な言明は、科学ではないという理由で、戯れとして、一般に拒絶されてはならない。そうした様々な言明は、それらの形式の点では、取り消されなければならないが、しかし、それらの内実の点では、吟味されなければならない。

5. 啓示信仰の道程としての懐疑

もしかすると、啓示信者にとっても、懐疑は、信仰それ自体の絶対に必要な道程であるかもしれない。「信仰告白」しない者は、そのことだけでは、懐疑論者であるとはかぎらない。もしかすると、信仰それ自体は、定式化された信仰告白（ベケントニス）を拒みうるかもしれない。信仰告白すること（ベケネン）は、絶対的な真理を人間の言葉における様々な命題の形で表現するならば、厄災的な行為のように思われる。というのは、信仰告白とともに、他の者も絶対的な真理の言葉としての信仰告白をともにするべきであるという主張が、かかげられるならば、信仰告白することは、人間を分断し、交わりの欠如の深淵を開くからである。

（行為や生活においてではなく）命題において信仰告白することに反対するのは、懐疑主義ではなく、自らの言明の途上において懐疑的でありつづける信仰それ自体である。

6. 未決定な懐疑主義

哲学することにとっては、同時になにかであるわけではない未決定な懐疑主義は、きわめて耐え難い。教養人の平均的な思考は、その思考において哲学的信仰であるものを、包括者の様々な様態の区別の欠如のゆえに、適切には表明しえない。その思考は、懐疑主義と独断主義のあいだの様々な表現において、行きつ戻りつしがちである。その実例であるのは、キケローの懐疑といわゆるアカデメイア派の懐疑の様々な命題である。キケローはたとえば、エピクロス派、ストア派、アカデメイア派が神々について思念するものを叙述するとき、次のように言う。「確かに、これらの思念のいずれも真理ではないということは、ありうる。しかし、一つより多くが真理であるということは、ありえない」▼43。哲学的には、そのことは、ある哲学教授の、──私が青年時代、その教授には意識されていないない皮肉な自己否定に驚愕しながら聞いた──不死についての講演と、同列である。すなわち、論理学と経験的な事態によって科学的に根拠づける仕方で微細に究明したあと、様々な根拠の約70%が不死に賛成し、30%が反対するという結論に、彼は到達した。

アカデメイア派とともに、キケローは、次のように言う。「私たちは、何も真と見なさない人々ではなく、あらゆる真なるものにはそれと大いに似ている偽なるものが紛れ込んでいることだけを主張する人々である。[真なるものに偽なるものが]大いに似ているので、真なるものを評価し真なるものに同意するための確実な目印は、真なるものには見いだされない。そのことから、以下の命題がもたらされる。すなわち、多くのものは、蓋然的であり、それらは、完全には把握されえないであろうにもかかわらず、しかしながら、ある明瞭で明白な外観をもつので、賢者の生活にとって規範として役立つ」▼44。未決定な懐疑主義という無邪気な非哲学！

懐疑主義が実践的に現実的になるのは、包括者の個々の様態が委縮する程度によってであり、なにより、あらゆる包括者の包括者の現前性が委縮することによってである。[PGO 141-145]

　哲学的信仰と啓示信仰は、神について語る。哲学的信仰は、神について知らず、暗号の言葉を聞くだけである。啓示信仰は、神の行為を、――時間と場所に局在化されて、特殊な出来事として、世界に働きかける――、人間の救済のための自己の啓示において、知ると思う。哲学的信仰は、あなたは自らのために肖像と比喩を造るべからずという[45]、聖書の要求に真剣である。啓示信仰は、神を、形象においてのみならず、有体的な事実としてももつ。[PGO 196-197]

　最初期の思考から、人間はすでに、暗号においても生きている。人間の世界と人間の知識が「暗号と事実の」区別において明らかになるときはじめて、人間は「暗号の」言葉のこの王国を純粋にさせるという課題を知る（エアファーレン）。つまり、暗号と事実の区別を、人間は、真理のために厳格に保持しようとする。いまや、哲学的信仰にとって、根本的転倒と思われるのは、暗号の浮動的な言葉が事実の有体性[46]に変化することである。しかし、暗号は、超越者それ自体の現実では決してなく、超越者の可能的な言葉である。この言葉は、根源的な相違において、競争的な対立において、超越者への近さと遠さの序列において、多義的である。暗号の言葉は、実践的に照明的な効力においてや、瞑想的な省察において、現前的である。[PGO 155]

それゆえ、争いは、二重である。第一は、暗号の世界の純粋さを求める、その誤りの事実化に対する争いであり、第二は、暗号の世界の内部の、暗号に対する暗号の争いである。争いは、暗号の伝承において続く。暗号の伝承は、理解されるか、もはや全く聞かれないかであり、それらに含まれている呼びかけを知ること（エアファーレン）において、我が物にされるか、突き放されるかである。[PGO 196]

啓示信仰は、暗号の言葉が事実へと転倒することに、不可避的に結びつけられているのか。哲学的信仰は、事を別様に見ることができない。しかし、哲学的信仰は、自らには不可避に思われる洞察にもかかわらず、転倒を究極的で絶対的と見なすことを控える。哲学的信仰は、[事を]別様に見ることができないとしても、やはりたえず、啓示信仰の発言・現象・帰結に開いたままの目で繰り返し問い質そうとする。[PGO 197]

第a節　哲学することの側からの、啓示信仰の解釈

啓示は、外から見られると、種々の形姿をもつ。すなわち、

1．預言者は、神が彼らに対して述べることや、彼らを介して求めることを、告知した。

2．教会と司祭は、諸文書を、聖なるものや、霊感を与えられたもの、神の言葉と、認めた。諸文書は、それらの根源によって、あらゆるほかの文献から、根本的に区別されうる。

3．使徒は、神が、キリストにおいて世に現れ、十字架にかけられており、復活したと、証言した。彼らは、救済の出来事（ハイルスゲシェーエン）を証言するが［PGO 45］、しかし、追試されうる史実的事実の報告としてではない。むしろ、彼らにとっては、史実的事態と信仰的事態が一致し、経験的歴史と救済的歴史（ハイルスゲシェーエン）が一致する［PGO 47］。

1の点と2の点は、ユダヤ教徒とキリスト教徒に共通している。3の点は、特殊にキリスト教的である。

啓示の三つの様態は、信仰の事柄である。批判的な解釈は、それらを、自らに、より明白にしたいと思う。そのとき、批判的な解釈は、信仰者にとっても非信仰者にとっても、ますます決定的に、信仰への飛躍に気づく。というのは、信仰は、批判的な懐疑が得るかもしれないものとは根本的に別の何かを、意味するからである。この批判は、三つの場合において、それぞれことなる。

1について。預言者は、神の声を聴いたと証言する。他の者は、預言者に神によって彼らが述べることが告知されたと信じる。預言者は自ら経験し、啓示信者は彼らを信じる。預言者は、自らの経験の直接性を懐疑しえない。他の者は、——信じていようが信じていまいが——、彼らから聞く。それゆえ、預言者から与えられる啓示に対する信仰は、預言者へと与えられる啓示の有する性格をもたない。

実際に、預言者の現象は、啓示を信じない者にとっても、強烈な印象をもつ。すなわち、預言者は、自らが現実に神によって圧倒されたと、感じた。多くの者は、自らの召命（ベルーフンク）に対して抵抗した。重荷は大きすぎ、恐怖は強すぎた。彼らは逃れ出ることを欲し［たが、］身を引くことができなかった。預言者が心を打たれている（エアグリッフェンハイト）ことは、かの時代の様々な条件のもと、不実もなく妄想もなくありうる現象として、いまなお私たちの心を打つ（エアグライフェン）。

彼らの言葉の深い内実は、こんにちまで凌駕されておらず、いくつかは、私たちが自らを閉ざしえないような永遠の重みを有する。彼らの言葉の深い内実は、彼ら自身にとっては、熟考されたとき、十分に把握されえないほどに偉大であった。すなわち、この意味は、彼らが考え出したものではありえず、人間のわざではありえない。彼らは、より偉大であるもの、包括者に、身を屈し、自らがその道具だと感じた。人間が全ての人に重みをもったものをたんに自らの思念・洞察・要求として述べたならば、人間にとってそのことは何であったであろうか！　彼らが言わなければならなかったものの意味は、たんなる人間のわざとして、滅びていたであろう。それは、神自体に由来したときだけ、人間を獲得しえた。神を持ち出すこと（ベルーフンク）によってだけ、彼らは、そのようなものごとを、敢えて言いえた。

そうした啓示の経験を、人は、次のような謎（ゲハイムニス）の暗号として、解釈しえた。すなわち、どのように、人間において、人間の日常的で無意識的な諸秩序の薄明から、単純で本質的な道徳的立法の高みへの、――人間と世界が現に存在することについての洞察への、――具体的な状況における決意への、――万人の回心が必然であることについての知識への、飛躍は、なされうるのか。（ギリシア人は、啓示の暗号をもたずに、同一の飛躍をなしたが、しかし、この飛躍において、劣らず謎（レーツェル）を経験した。）

2について。霊感は、一つの経験である。近代においては、ニーチェが、自らの霊的な経験を伝えた。「人は聞くが、見ない。人は受け取るが、だれが与えるのかを問わない。必然性をもって、稲妻のように、一つの思想が閃く。……無数のかすかな身震をきわめて判明に意識しながら、全く我を忘れている。……光の過剰。……律動する様々な関係を感得する本能。……遠くへと張り渡された律動の要求は、ほぼ霊感の威力の基準である。……あらゆることは、最高度に意図せず（ウンフライヴィリッヒ）なされるが、しかし、自由の感情（フライハイツ・ゲヒュール）の嵐においてのようにである。……形象や比喩の意図されなさは、非常に奇妙である。人は、形象は何であるかや比喩は何であるかの概念をもはやもたない。あらゆるものは、非常に近しい表現、非常に正しい表現、非常に単純な表現として、もたらされる」▼47。

しかし、そうした霊感の経験は、聖書の霊感への信仰にとっての導きの糸であるかもしれない。いずれにせよ、聖書の正典化の過程は、全く別のものである。聖書は、成立の経過で、膨大な文書のなかから、選択された。次のことが問われる。すなわち、選択されたのは、長い時間の間に慣例になった多数の人々の価値の評価によってか、文書の性質によってか、偶然によってか。あるいは、この過程それ自体が、神によって導かれた、神によって霊感を与えられたものの選別として、信じられるのか。

3について。使徒による証言は、使徒による信仰であり、宣教によってこの信仰を生み出す。パウロはその状況を示す。「それでは、信じたことのない方を、どうして呼び求めることができるでしょう。聞いたことのない方を、どうして信じることができるでしょう。宣べ伝える人がいなくて、どうして聞くことができるでしょう。遣わされないで、どうして宣べ伝えることができるでしょう。……それゆえ、信仰は宣べ伝えから、宣べ伝えることは神の言葉から起こるのです」◆7。

使徒は、預言者と類比の関係にある。しかし、使徒が告知するのは、彼らに与えられた、神の意志と神の言葉の啓示ではなく、復活者、人となった神である。彼らが関わるのは、神ではなく、キリストである。キリストは、彼らにとっては、神と同じである。これは新しいことである。人としてのイエスは、預言者と同列の関係にある。つまり、イエスが宣教するのは、神の国や、世界の終末、山上の説教のエートス、使徒のキリストの告知ほど全く新しくはない、神を信仰している人間の根本的な状態である。

使徒の証言は、信仰の証言としては、無批判的に、史実的な事態の証言と一致していると考えられていたが、使徒の証言の存在は、史実的な証言としては、批判的な歴史研究の時代において、不確実になる。史実的な方法によって、予審判事のように抜け目なく、大なり小なり大きな蓋然性をもつ史実的な事態と見なされてよいものを究明しようとするとき、人は、啓示信仰にとって［だけ］重要であるものや、啓示信仰にとってだけ現に存在するものを、放棄した。キルケゴールは、以下の帰結を引き出した初めての人である。すなわち、史実的な研究は、信仰にとっては、どうでもよい、――その成果は、信仰にとっては、瑣末である、――それへの従事は、信仰へと近づくよりも、信仰から遠ざかる▼48。史実的に不確実な証言ではなく、信仰の証言が、聞かれなければならず、信仰の証言を介して啓示が語る。［PGO 45-48］

啓示の三つの様態のすべてにとっては、世界において現れる法廷が、だれが真正な預言者であったか、どの文書が霊感を与えられているか、だれが重みをもつ証言を有する使徒であったかを、決断しなければならない。啓示信仰は、この法廷を信用しなければならない。そうでなければ、啓示信仰は、よりどころをもたない。この法廷であるのは、結局のところ、教会である。そのことを、アウグスティヌスは、すでに引用したかの見事な明瞭さをもって、表明した。すなわち、カトリック教会［の権威］が私を動かさなければ、私は福音書を信じないであろう、と。

しかし、この法廷が信用されなければ、様々な聖なる文書をほかの文献から［正典として］選び出すことは、とだえる。そのとき、様々な聖なる文書は、ほかの文献と同様に、崇高な文献である。数千年間にわたり、――何と短い時間であろう！――、自明であったそれらのいずれも、何も変えることができない。［また、］そのとき、様々な［聖なる］文書が［ほかの文献から］正典として選び出されたことは、それ自体、一つの史実的な事態にすぎず、この事態の成立は研究され、この事態はその並行現象を中国と印度にもつ。しかし、これらの文書は、正典的な文書の選び出しによって、実際は、――啓示信者にとってだけ、ほかの人間にとってではなく――、別の地位を獲得する。

しかしながら、それらの文書は、それらの内実によれば、啓示を信じない者にとって［も］、決して無効ではない。ただし、それらの文書への関係は、別の自由な関係である。というのは、いまや、預言者、霊感、使徒は、世界へと真理が歩み入る、現象の様々な様態であるからである。現象の様々な様態は、「預言者」、「霊感」、「使徒」という暗号において、解釈される。そのことは、二つの帰結をもつ。

第一に、暗号は、個々の人間の自己理解において、聞こえてくる。かくして、たとえば、包括者の道具であるという意識や、超越者が求めるものを為し、考えるという意識は、――超越者に仕えているかどうか、私は、確かに知らないが、しかしありうると感じるので――、せざるをえぬ（ミュッセン）という経験において必然性をもつ当為（ゾレン）の謎の、［人間を］謙虚にし（人間の「謙虚サ」を招来し照明する）暗号になりうる。しかし、この暗号が真でありうるのは、人間の、自己への主張として出現するときであり、［人間の、］他者への主張の正当化として出現するときではない。というのは、私が自らを道具と見なすことによってではなく、私が為し、洞察し、言うものによって、私は、それが真でありうるかどうかや、どんな内実がそれに内包されるかを、確証しなければならないからである。

第二に、啓示として出現し、預言者として、霊感により、使徒として、告知するものは、それ自体としては、まだ重みをもたない。暗号は、可能性であり、事実ではない。それゆえ、神聖的な絶対性や絶対的な権威性が主張する一切は、批判を免れない。各人は、固有の可能的な実存によって、預言者が述べること、霊感により世界に入り来るもの、使徒が証言するものを、吟味しなければならない。

この批判は、神学者が私たちに信じ込ませようとするのとはちがい、神の批判ではなく、神がなしうることとなしえぬことを神へと人間が愚かに指図することではなく、神の名の下に語る全権を主張する、世界における様々な法廷の批判である。いかなる聖職によってであれ、いかなる信仰告白によってであれ、人間は、――偽りにすぎないのだが、啓示を信じられない私たちに、神に対する服従として、自らの立場に対する服従であるであろうものを要求する――人間であることにかわりない。

そのことは、神についての判断ではなく、人間の主張についての判断である。啓示信仰において現れるものは、教派の統計によれば、人類の少数にとってだけ、――実際は、この少数において、やはり、さらに少数にとってだけ――、神自体の言葉である。啓示信仰において現れるものは、私たちにとって、暗号の世界であり、神的な事実の世界ではなく、超越者の浮動的な言葉であり、神の事実的な行為ではなく、ありうる意味の解釈がなされうることであり、服従の対象ではない。

啓示信者にとって現実であるものは、全くそうしたものではない。私たちは、神に対してではなく、神を代理するという主張に対して、反対する。私たちは、自らにとって重みをもつものを表明しなければならない。すなわち、否定的には、世界における神の直接的な事実や、世界において聖職・言葉・サクラメントの法廷によって語り、服従されなければならないであろう神は、存在しない。肯定的には、神は私たちを自由と理性に向けつつ造った。自由と理性の点で、私たちは、自らに贈り与えられ、私たち自身を無限に超えるものとして私たち自身に見いだすような法廷を前に責任を有する。私たちはカントとともに解釈する。すなわち、神的な知恵は、それが私たちに拒絶するものに劣らず、それが私たちに贈り与えるものにおいて、感嘆に値する、というのは、神がその威厳をもって私たちの眼前に立つならば、私たちは、服従しているあやつり人形になるであろうし、神が私たちに欲したものとしての自由ではありつづけられないであろうからである▼49。

隠された神を基準とすると、啓示の事実において示された神が、私たちにとっては、神自体ではありえないということを、私たちは見て取る。神の否定が、神の信仰に反対するのではなく、隠された神が、啓示された神に反対する。超越者の現実についての哲学的な意識が、啓示の事実に反対する。

◆7　Römer 10, 14 ff.［ロマ１０：１４-１７。］

第b節　啓示信仰の側からの、哲学的信仰の解釈

1. 非難

啓示信仰の側から見られると、哲学的信仰は、全く神への信仰ではありえない。ブルトマンは書いている◆8。「実際に、神は、後者［すなわちキリスト教の信仰］か前者［すなわちヒューマニズムの神信仰］のいずれかにおいてだけ、正しく理解される。キリスト教の信仰から、ヒューマニズムの信仰は、神への信仰であろうとするかぎり、誤謬や妄想と名づけられなければならない」。私は、この神学者を、すなわち、神学者に見られる高慢さがあるとは全く認められない人格的に非常に寛容な神学者の一人を、引用し、そのような人でさえもそのことに圧倒されると考えざるをえないということが、事柄の本性において、すなわち、啓示信仰それ自体において、存するということを、示す。それは、アブラハムの神、イサクの神、ヤコブの神であったのであり、哲学者たちの神ではなかったのであると、パスカルは自らの夜の神秘的な体験に従って書いた▼50。

それゆえ、絶えず繰り返される批判は、以下である。すなわち、超越者の思考は、たんに思弁的な経験である。それは、抽象的である点で、弱いままである。それは、ただの瞑想である点で、無力である。というのは、それは、非現実的なものに向けられているので、非現実的であるからである。私たちは、さらに次のことを聞く。すなわち、啓示信仰にとっては、神は、人格的である。神は、汝として相対し、この汝とは、祈りにおいて、人格から人格への交わりが、可能である。（他方で、哲学的信仰は、神の人格性を、暗号としてだけ知っている。神の人格性は、――人間における人格性の根

源であるが、その形姿が人間を制限するであろうところの人格性を無限に超えているものの——暗号である。）啓示された神は、世界において、助けをなす。啓示された神は、介入によって、働きをなす。啓示された神は、私にとり望ましい救済的な出来事の原因であり、私にとり厄災(ウンハイル)のようにしか見えないものが、やはり救済(ハイル)のためにあるということの、私にとっての保証である。啓示された神の恩寵を、私は、内面において事実として感じられうるようになる神の様々な行為において、経験する。（他方で、哲学的信仰は、［神の］摂理を、暗号として［だけ］考える。この暗号の解釈は、個々の歴史的な事象においては、哲学的信仰にとって、合理的には不確実であるように思われるが、しかしやはり、知識にすることもなく事実にすることもなく、暗号として、心に浮かぶ謎を明るく照らすべきである。）啓示信仰にとっては、神の啓示の活動が第一のものであり、私たちが神を求めるのではない。啓示信仰にとっては、具体的な出来事における神の先行的な行為についての命題は重みをもつ。（［他方で、］哲学的信仰にとっては、そのような命題は、全体として、世界における贈り与えられることとしてだけ、重みをもつ。この世界それ自体は、最終的なものではなく、現象的なものか過渡的なものである。）信者の神は、具体的であり、近く、生きている神、聖書の神であり、哲学の神性は、抽象的であり、遠く、たんに考えられているだけである。前者は、アウグスティヌスの神であり、後者は、プロティノスの神性である。

◆8　Studium generale Jg. 1, S. 74.［Rudolf Bultmann: „Humanismus und Christentum“ In: Studium Generale, Jg. 1, Springer, 1948, S. 74; vgl. „Humanismus und Christentum“ In: Glauben und Verstehen, Bd. 2, J. C. B. Mohr, 1952, S. 142.（ルドルフ・ブルトマン「ヒューマニズムとキリスト教」山岡喜久男ほか訳、『ブルトマン著作集』第１２巻所収、新教出版社、

1981年、195頁。)〕

2. 哲学的信仰の回答

私たちは以下のように回答する。近い神は、有限な存在にとっては、絶対に必要であるが、しかし、暗号においてだけ現に存在する。これらの暗号は、それらの本質上、多様であり、近い神は、それゆえ、多神論の様態において生じる。多神論は、一なる神が教義的に保持されつづけるとしても、実際の啓示信仰において、隠されている。啓示信者にとっては、気づかれることなく、一なる神は、近い神であるときには、そのつど特殊な形姿において存在する。一者（デア・アイネ）それ自体は、遠い神でありつづけ、遠い神が一である（アインスザイン）ことそれ自体は、一個の暗号にすぎない。

暗号は、神の有体的な事実になると、ただちに、多数の神々になり、それゆえ、真でないものや迷信の対象になる。多数の神々は、遠くの神の歴史的な言葉としての暗号においてだけ、真でありうるものでありつづける。

遠くの神は、たんに考えられるだけで、空間を開放しておく。遠くの神は、有体的な神々や啓示から、――これらが迷信的に固定化されるとき――、〔私たちを〕解放する。遠くの神は、時間的・空間的に自己を示す神の信仰に隠されている一切の排他性、狂信、暴力的な活動から、〔私たちを〕解放する。

哲学的信仰は、暗号としての様々な近くの神において、それだけが現実的である〔唯一の〕遠くの神を、決して失おうとしないが、しかし、様々な近くの暗号において、〔唯一の〕遠くの神を、生きと経験しようとする。それゆえ、あらゆる近くのものは、浮動しつづける。しかし、近くのものによって、今ここでの信仰の歴史的な沈潜もはじめて、なされる。

哲学的信仰が、自らに対して、排他的な啓示を拒絶し、排他的な啓示それ自体やその内実を暗号に翻訳するとき、確かに、自らが何を知り何を知らないかを自らの道のりにおいて知っている啓蒙主義が、［そのことの］副次的な理由である。しかし、本質的［な理由］であるのは、隠されている超越者それ自体の、哲学的信仰によって経験される現実である。聖書の諸文書の高点においてや哲学において現に存在するような、その現実に対応する神の思想を、基準とすると、――啓示信者によって使用される表現様態が、哲学によって、応用されることが許され、応用されることがなされうるならば――、人間イエスに私たちが彼について知っているかぎりで現れたような、神が人となるとの主張は、神の冒瀆であるように思われるに違いない。

神の現実が最も強く感じ取られるのは、神の現実が有体性によってや人間の安易な理解によって隠蔽されていないところでであり、むしろ、あなたは自らのために肖像と比喩を造るべからず、あなたの思い（ゲダンケン）は神の思い（ゲダンケン）ではない▼51、という、聖書の命題が、完全に真剣であるところでであり、限界におけるこれらの命題が、信仰する実存にとって、挫折においてなおも、重みをもつところでである。というのは、実存は、確かに、浮動的で多義的な暗号を解読するが、しかし、自らのために神の像を造らないからである。［PGO 479-483］

補論：哲学と神学の両者は、それらに固有な仕方で、逸脱する

哲学は、実存的な根拠をもたないゆえに空虚な最高存在についての語りに、逸脱する。哲学は、

働き出すことない、形式的な、神への信心に、――それにとっては無知がどうでもよさ(グライヒギュルティヒカイト)を意味し、［私たちを］飛翔させないところの、不可知論的な無関心さ(インディファレンツ)に、――承認することなく信仰を容認することにか、信仰を排除することによって世界における恣意としての自由をもつことに、逸脱する。

　神学は、信用されうるものへと啓示を合わせること(アンパッスンク)に、逸脱する。一例。――預言者は、「哲学［者］と、その精神が最高の物事へと向けられている点では、比較されうるが、しかし、哲学［者］においては、論理的な抽象化の仕方で」（なんと無邪気な哲学の解釈！）、「追求されるものが、預言者においては、内的な直観の仕方で」（なんと容易に！）、「見いだされ直接的に知られる点では、ことなる。……哲学［者］においては、神についての思考、理論的な態度、――預言者においては、認識の客観と生き生きと結びついていること」。「崇高さと謙虚さや、最高の自己意識と自己否定的慈悲が、比類なく混合された」イエスの形姿を（なんと危険のない感傷的に見られたイエス！）、弟子は、「神自体の隠された顔」と見なしたのであり、その結果、「弟子は、イエスをもったときに、神をもったのであり」、かくして、「弟子において、イエスの信仰は、イエスへの信仰へと転換したのである」◆9。

　慣習的な信仰は、――その類型を適切に性格づけるのは困難であるが――、右のように語る。すなわち、［啓示を］薄める適合(アンパッスンク)において、慣習的な信仰にとって、霊は失われた。慣習的な信仰は、――穏やかに弱められ、心理学的に理解し、やはり、そのように近づかれうる――この啓示の解釈に追従し、特別な緊張なしにキリスト教徒でありうることに各人をうながす。しかし、慣習的な信仰が中傷的に語るまで怒るのは、慣習的な信仰に、――［信用されうるものへと］自らを合わせるこの信仰の様態において――、追従しようとしないのみならず、より以上のものを欲しもする者に対してである。このより以上のものとは、啓示信仰のであれ哲学的信仰のであれ、徹底性であり、両者において、――具体的に現在的で、人間的で、政治的な物事についての判断における、また、広い視野にもとづく、固有の歴史的な実存をもった、信仰だけがそうさせる覆いなく開かれた行為における――、神への信仰が有する真剣さの証言である。[PGO 484]

◆9　Hans von Schubert, Kirchengeschichte, S. 20 ff.［Hans von Schubert: Grundzüge der Kirchengeschichte, J. C. B. Mohr, [5]1914, S. 20-22.（ハンス・フォン・シューベルト『教会史綱要』井上良雄訳、新教出版社、１９６３年、２８‐２９頁。）］

60

第c節　暗号と弁証法

人間の言葉において解釈され伝達されうるようになるものの浮動的で多義的な言葉は、一義的に理解されうることなく理解されなければならない。（たとえば、洗礼と晩餐の制定や、大宣教命令▼52、約束などにおける）神の意志の直接的な告知は、全く別である。ここでは、時間における事実として一義的に服従を要求するような言葉が、出現する。前者の――それ自体比喩的にだけ言葉と呼ばれる――暗号の浮動的な言葉と、後者の――神の［意志の］直接的な伝達の――事実の、両者は、同じものとして、一つにさせられてはならない。両者の意味のあいだには、深淵が横たわる。

啓示信仰は、それがよりどころとするものの明白（グライフバール）な事実の確実さにおいては、どんな疑念も、近づかれえない。なぜならば、啓示信仰は、相対する世界を存在が欠如するものとして消失せしめる、非常に確実で一切を圧倒する事実を、自らの前にもつからである。しかし、啓示信仰は、世界において、外側から攻撃されるだけではない。啓示信仰は、それ自体、啓示の事実化によって、心を打たれていると同時に、疑いに駆られている▼[53]。いまや、啓示信仰は、地盤を保ちたいと思うが、しかし同時に、地盤を、——神の明白（ハントグライフリヒ）な存在へと暗号をこのように対象的に事実化するという非難に対して——、守りたいと思う。

弁証法は、この不可能なことをなす最良の方法であるように思われる。神学者は、次のように言う。すなわち、啓示それ自体は、覆い隠しの形式であり、自らを啓示する神は、啓示において隠される神である。自らを啓示する神の直接的な伝達は、間接的な伝達である。哲学者は、次のように言う。すなわち、隠される神は、暗号において語るが、しかし決して、その暗号が、時間における一義的に直接的な言葉になることによって、事実の性格を、ほかの暗号の多義的に浮動的なものの意味とことなる意味において、獲得することはない。哲学者にとっては、次の問いがある。すなわち、たとえば、有体的な事実の完全に非弁証法的なものを揺るがぬ点として救うために、神学的な思考の言明の形式としての弁証法が誤用されるのか。問題であるのは、事実であり、多義的な暗号ではない。神学者が、このありうる誤用に、自らの正直な思考のちからにもとづき気づくならば、神学者にとっては、素晴らしく明瞭にする次の試みが、のこりつづける。すなわち、啓示の内容や、啓示の言葉、解釈を逆説的（パラドクス）であると認め、さらには、不合理（アブズルト）であると認める神学者の言明が、開かれていることによってや、まさにこの不合理さが、ここで問題であるものの適切な言明の様態であるという主張によって、ありうる誤用を放棄するという試みである。たとえば、キルケゴール▼[54]。[PGO 181-182]

ここでは、まず、弁証法一般について、簡潔な所見を述べたい。

矛盾が思考に対して生じるところではどこであれ、矛盾は止揚（アウフヘーベン）されるべきである。思考は矛盾に耐えない。矛盾が、二者択一において、一面のために、すなわち、誤った面に対する正しい面のために、放棄（アウフヘーベン）されえないところでは、矛盾は、弁証法的と呼ばれる運動において把握される。この運動は、矛盾を、同時に保持し克服する。すなわち、矛盾するものを総合し矛盾するものの「和解」を見いだすことによってか、矛盾を引き出し増大させ、逆説性を超え不合理に至らせ、ほかならぬこの不合理によって真理と現実をとらえることによってかの、いずれかである。

哲学的であれ神学的であれ、あらゆる思考は、そのことを方法論的に知ることがないとしても、はじめから弁証法に踏み入る。しかし、弁証法的な思考は、深い洞察を創り出しうるのみならず、非常に容易に特殊な詭弁になりえもする。

存立する矛盾を取り扱う方法としての弁証法は、二者択一の一面が真と認識され［二者択一の］他面が偽と認識されることによってではなく、対立の両面が保持されることによって、こんにちまでなお見渡されえない、思考の運動の様々な形式の王国である。依然として、巨大で未解決な課題であるのは、弁証法の形成物の様々な根源とともに弁証法の明証性の多様な種類を示し、そのことによって、弁証法のそのつどの意味を制限し、弁証法の適用を入念に形成することである。

弁証法の様々な様態と領域の照明は、ヘーゲルにおいて最も豊かに展開されているが、彼においても、全く方法的に明瞭にされておらず、深遠な運動から滑稽な詐術までの完全な多様さにおいて、遂行されている。マルクスとキルケゴールは、ヘーゲル的な思考にもとづいて育てられ、それとともに鍛えられた。しかし、両者は、実り多く、めざましく、魅了的に、別のものを、それから作り出した。

こんにち、弁証法は、マルクス主義と神学において、魔法の鍵として働いている。弁証法は、方法的に絶対的なもの、もはや踏み越えられえないもののように、取り扱われる。思考する人間は、その方法を方法的に検討しえないので、こんにちそれから身を守らないかのようである。弁証法は、自明なもの、周知なものとして、前提される。

しかし、いかなる個々の場合においても、次の問いがある。すなわち、ここでは、いかなる特定の制限された意味において、明証性の様態が存在しているのか。弁証法的な語り方は、たとえば、矛盾を非本質的なものとして容認しそれらから逃れるための手段であり、実際には、完全に非弁証法的なもの、つまり神の姿(ゾーザイン)の根拠の薄弱な有体性を守り、あるいは、さしあたりのぞまれた一義的な要求を、――完成への運動の契機として解釈しつつ――、うわべだけの深淵な意味によって覆い隠すのか。というのは、弁証法によって、思考を放棄する唯一の神に対する服従が、要求されるからである。(この服従は、やはり、とくに人間的現象として、生じるにすぎないが。)また、弁証法によって、状況により変化する野蛮な政党の方針が、――弁証法が、出来事の実在的な弁証法(レアールディアレクティク)、つまり必然性として、解釈されるとき――、正当化される[からである]。(この必然性は、全てを統べる唯一的な因果性として、単一的な因果性として、人間の自由を、政党の執行部によって認識された必然性の命令に対する服従へと、転倒させる。）[PGO 179-180]

暗号は、確かに、無限に解釈され改釈されうるが、それ自体としては具体的で特定的である。暗号は、しかし、有体性への転倒において、対象的に事物的になる。

理解における思考の運動の形式としての弁証法は、［確かに、］開放的に浮動的な意識を照明する。弁証法は、じかし、――神がそれであり、人がそれにいまや完全に非弁証法的に服従しなければならないところの絶対的なものとしての空間と時間における様々な事態において、難破させようとするとき――、隠蔽の手段になる。[PGO 182]

第d節　暗号の王国の純粋性を求める争い

1．超越者の暗号か、啓示の暗号か

「神の言葉の啓示一般は、神的な〈しるしの付与（ツァイヒェンゲーブンク）〉である」◆10▼55。私は、このしるし（ツァイヒェン）の、私たちが暗号と名づける一切のほかのしるしからの区別を、問う▼56。［一方で、］啓示のしるしは、隠された啓示の行為のしるしであるとされ、［他方で、］暗号は、超越者（トランスツェンデンツ）のしるしであろう。啓示の行為と、神性の超越性（トランスツェンデンツ）は、同じく隠されている。しかし、［一方で、］啓示の行為のしるしを、私は、事実のし

るとして理解するべきとされ、［他方で、］超越者の暗号を、私は、そのようなしるしとして理解しえない。啓示のしるしと超越者の暗号の区別は、以下である。すなわち、啓示のしるしにおいては、神性の活動の事実が、一義的なしるしを付与し、超越者の暗号においては、超越者が、多義的な暗号において告知される、という区別である。しかし、しるしが、一義的に、事実的な啓示のそうしたしるしと、見なされるならば、それらのしるしは、隠されているということを放棄するもの、比類のないしるし、それ自体すでに神の事実である。しかし、こうした仕方でしるしや事実と呼ばれているものは、両者とも、これらの言葉が一般的に理解されうる意味においてあるのではない。

啓示は、神の事実的な活動であるのか、あるいは、もしかすると、それ自体、暗号であるのか。私は避けられない。啓示は、（信者によって主張される）神の時間的・空間的に特定な行為であり、その場合、もはや暗号でなく、事実であるか、あるいは、暗号であり、その場合、ほかの暗号と同列であり、もはや事実的な啓示でないかの、いずれかである。というのは、啓示が、ただしるしにおいてだけ語るかぎりは、――これらのしるしが、それ自体、超越者の一切のほかのしるしと、根本的にこととなる本質をもたなければ――、啓示は、特殊な事実ではないからである。啓示の行為とそれのしるしにおいて、現に存在する神の事実によってだけ、啓示は、超越者の暗号や、あらゆる物事のありうる言葉、人間の自由な創出から、区別されているであろう。［PGO 174］

◆10　Karl Barth, Zwischen den Zeiten Jg. 7 (1929) S. 432.［Karl Barth: „Die Lehre von den Sakramenten“ In: Zwischen den Zeiten, Jg. 7, Chr. Kaiser, 1929, S. 432; vgl. „Die Lehre von den Sakramenten“ In: Gesamtausgabe, Bd. 24, herausgegeben von Hermann Schmidt, Theologischer Verlag Zürich, 1994, S. 403-404.（カール・バルト「礼典論」蓮見和男訳、『カール・バルト著作集』第1

巻所収、新教出版社、1968年、338頁。)」この神学者に、私に許してもらいたいのは、以下の数頁で、若干の彼の命題を、彼にとってはおろかにちがいない私の意味で、吟味することである。おろかであるのは、私の命題が、彼にとっては、――私はそう思うのだが――、やはり、理解の欠如したなげかわしい不信仰の表現でありうるにすぎないであろうからである。

2．証言による啓示の事実の確定

「パウロのキリストと共観福音書記者のキリストが、サクラメントを」、しかも、洗礼と聖餐だけを、「実際に制定したという確認で、私たちには十分である」◆11。実際？ ここでは、パウロと共観福音書記者が、制定について語り、制定の言葉を（すこし相違しつつ）伝えるということだけが、「実際（タートゼヒリヒ）」である。この実際の文書は、イエスがこの制定を遂行したという証明的な証言であるのか。否、そのことは、史実的に分析されると、それどころか非常にうたがわしい。神学者フォン・ゾーデンは、この認識の結論を導き出した。すなわち、サクラメントは、発展の始まりにではなく、終わりにある。「イエスは自らを、自らは、サクラメントにはしなかった」▼57。しかし、そのことは、啓示信者にとっては、どうでもよいことである。［史実的な］イエスは、啓示信者にとっては、全然問題ではない。「サクラメントをも制定したキリストは、預言者のキリストであり、使徒のキリストである。すなわち、この証言から抽象された史実的なイエスではない。重要ではない仕方で構成されたこの人物は、ここでは、別の点と同様、神学的に瑣末である。サクラメントを制定した者は、私たちが肉ニヨッテハ知らず（カタ・カルサ）、召された者の言葉の証言によって霊において知る、主（キュリオス）である」◆12。このように、カール・バルトは、キルケゴールに倣い、書く。あらゆる史実的なものを拒絶しながら、キルケゴールは、神が人となったという命題だけが問題であると、述べた▼58。研究的な神学者オーヴァーベックは、信仰を前提せずに、同じ解釈に至る。「一つの妄想だけが、キリスト教を、史実的な人物としてのイエスによって、始めさせることができる」▼59。

しかし、イエスが制定を遂行したのかどうかが些末であり、むしろ、使徒によって、――イエスにかんしてではなく、キリストにかんして――、理解されており証言されているものが「実際（タートザッヘ）」と見なされるならば（すでに使徒のパウロが、イエス自体を見たのではなく、ダマスコへの途上、自らに現れたキリストを見たのである）、なぜ、この証言の過程は、ある期間をもったのであり、ある終結をもったのであるのか。なぜ、証言のそのような仕方は、継続しえず、たとえばさらにほかのサクラメントは、制定されたものとして証言されえないのか。かの様々な最初の証言を承認するが、しかし、証言の過程を終結したものとして認め、正典を固定したものとして認める、世界における法廷の判断によってである、ということは、やはり、明らかではないのか。

この神学者にとっては、質的に際立たせることが問題である。これらのしるしや暗号、これらの言葉、これらの書物は、ほかの［しるしや］暗号、言葉、書物とことなる［しるしや］暗号、言葉、書物である。神の事実は、それらにおいてだけあり、あらゆるほかのものは、人間の製作物か自然の出来事である。

しかし、そのことは、神がもはや隠されていないということを意味する。［神がもはや隠されていないならば、］私は、神の形象と比喩をもつのみならず（このことを、やはり、すでに聖書の神は禁止している）、神自体をもちもする。啓示信仰は、実際に、もはや、隠された神への信仰ではない。聖書的信仰と哲学的信仰において、私は、隠された神によって私が私に贈り与えられたことを知っているが、しかし、直接的にであり、仲介でありながらそれ自体がすでに神であるとされるなんらかの仲介によってではない。

ここで重みをもつのは、浮動する自由な暗号ではなく、服従である。「私たちは、教会は、自らに委ねられたしるしに固着しなければならない」◆13。［PGO 176］

◆11 Barth, l.c. S. 447.［Karl Barth: „Die Lehre von den Sakramenten" In: Zwischen den Zeiten, Jg. 7, Chr. Kaiser, 1929, S. 447; vgl. „Die Lehre von den Sakramenten" In: Gesamtausgabe, Bd. 24, herausgegeben von Hermann Schmidt, Theologischer Verlag Zürich, 1994, S. 423.（カール・バルト「礼典論」蓮見和男訳、『カール・バルト著作集』第1巻所収、新教出版社、1968年、351頁。）］

◆12 l.c. S. 447.［Karl Barth: „Die Lehre von den Sakramenten" In: Zwischen den Zeiten, Jg. 7, Chr. Kaiser, 1929, S. 447; vgl. „Die Lehre von den Sakramenten" In: Gesamtausgabe, Bd. 24, herausgegeben von Hermann Schmidt, Theologischer Verlag Zürich, 1994, S. 423.（カール・バルト「礼典論」蓮見和男訳、『カール・バルト著作集』第1巻所収、新教出版社、1968年、351頁。）］

◆13 Karl Barth, l.c. S. 438.［Karl Barth: „Die Lehre von den Sakramenten" In: Zwischen den Zeiten, Jg. 7, Chr. Kaiser, 1929, S. 438; vgl. „Die Lehre von den Sakramenten" In: Gesamtausgabe, Bd. 24, herausgegeben von Hermann Schmidt, Theologischer Verlag Zürich, 1994, S. 412.（カール・バルト「礼典論」蓮見和男訳、『カール・バルト著作集』第1巻所収、新教出版社、1968年、343頁。）］

3. 中間的挿入物

神の時間的・空間的な局在化における事実だけが、啓示でありうるであろう。この啓示の事実は、いわば、隠された神と人間の実存のあいだの中間的挿入物（ツヴィッシェンシャルトゥンク）であるであろう。世界のいたるところの人間は、決して神それ自体ではなく、神の言葉にすぎない、超越者の浮動的で多義的な暗号を、聞き見て考える。しかし、人間にとっては、やはり、しるしによってだけ啓示の事実も告知されるならば、人間にとっては、超越者それ自体と同様に、啓示の事実も隠されたままであろう。そのさい、しるしは、超越者［それ自体］に関係づけられているのではなく、中間に挿入された（ツヴィッシェンゲシャルテット）時間的・空間的な［啓示の］事実に関係づけられている。この事実それ自体が、神であるとされる。イエス自体は、人間であり、キリストとして、同時に神であるとされる。そのことは、スピノザによると、円は正方形であるとの命題と同様に、理解され、不合理である▼60。もしかすると、スピノザは、近代の数世紀において、最も確固とした神の信仰をもつ人間の一人であった。

中間に挿入された［時間的・空間的な］啓示の事実は、しるしにおいて理解されうるとされる。しかし、これらのしるしは、もはや、隠された神性に関係づけられているのではなく、世界における神の特殊な事実に、すなわち、この特別な場所での世界への神の出現に、関係づけられているのである。これらのしるしは、超越者の事実であり、同時に［中間に挿入された］時間的・空間的な［啓示の］事実であるとされる、世界における虚構な地点に、向けられている。この同一性がありえないということは、この神学者が、しるしにおいて、超越者［の事実］についてではなく、時間的［・空間的な啓示の］事実について語るということにおいて、表れている。

世界において局在化されており、歴史と文献において証言されたあらゆるほかの事実から選び取られているが、しかしやはり事実的に現に存在するとされるものにとっては、さらに、それの代わりとなるしるしが存在するとされる。そのとき、中間的挿入物は、余計であるように思われる。というのは、超越者は、このように啓示されていることにおいては、隠された（フェアボルゲン）ままだからである。また、超越者は、信仰の不可能な対象であるように思われる。というのは、啓示は、有体的に神の事実であるか、全く存在しないかの、いずれかだからである。

啓示の事実がただしるしにおいてだけ告知されるならば、二つの超越者が存在し、それらについて同じことが言われる。すなわち、それ自体ではなく、しるしにおいて、それらは現に存在し、両者は「隠蔽しながら（フェアベルゲント）啓示する」、と。

啓示の事実は、現に存在し、不信仰のトマスがそのことによって信じたように感覚にとって触れられるか▼61、あるいは、超越者それ自体のように隠されており、暗号にすぎず、もはや啓示の事実ではないかの、いずれかである。人間が啓示の事実を知覚しうるのは、人間的には理解されえないあらたな全くことなる信仰によってだけであり、この信仰は、ある教義学的な理論によれば、すべての人間にではなく、若干の人間にだけ、神の恩寵によって与えられる。[PGO 175]

4. この信仰の理論の補助としての弁証法

弁証法は、難点を克服するように思われる。啓示の事実が現に存在し、現に存在せず、主張され、否定されるという矛盾は、啓示の神性にとっては必然的であると見なされる。人は、隠蔽（フェアベルゲン）しながら啓示することについて、覆いながら現すことについて、語る。［PGO 180］この語り方が真であるのは、多義的に浮動しながら人間としての人間にかかわるが、しかし人間を服従させない超越者の暗号にとってである。この語り方が欺くのは、そのような弁証法が、証言によって存立し一義的な服従を要求する完全に非弁証法的な事実を、受容されうるものや理解されうるものに、するとされるときである。矛盾は、受け入れられ、それ自体、啓示の事実の特徴になるとされる。［PGO 182］

かくして、現代の神学者は、次のように書いている。「（古代の教会の言葉でサクラメントについて言われている）神秘は、隠蔽され、ほかならぬそのように啓示された真理という、……全く一人で語る真理という、逆説的な概念である。……隠蔽され、間接的に伝達され、覆われる真理の啓示、すなわち、信仰にとっての真理の啓示だけが、真理の啓示である。しるしにおける神の言葉は、〈神を覆うこと〉でもあり、〈神を覆うこと〉にほかならないような〈神を現すこと〉とはことなる〈神を現すこと〉を意味しえない。……キリスト教の偉大な神秘やサクラメントは、イエス・キリストにおける言葉の受肉である」◆14。

このことによって、根源的で、一切の思考に先行し、思考されずに経験されうる事実が、決定的に特徴づけられている。この場所に、「アルキメデスの点があり、ここにおいて、神が私に啓示され、ここから、私は、私を恩寵を与えられた者として理解することを、服従において敢行しなければならず」、この点は、サクラメントにおいてと同様に、言葉においても、「根本的にしるしでなければならない」。［PGO 180-181］

この啓示の事実を信じない者にとっては、その理解の挫折においては、驚きだけがのこる。（この挫折は、神学の見解によれば、神の恩寵が神学の意味で哀れな不信仰者に対して現れないとき、起こる。）「覆う啓示」が問題であるのであれ、多くのほかの言い回しにおいて弁証法的に語られるのであれ、その者は、どこでもその経験をなしえない。「弁証法的」というレッテルは、――哲学することにおいて、「実存的」というレッテルがそうであるように――、助けにならない。

私は、理解できず、驚く。私は、理解したく、思想の運動を追う。［しかし、そのことは、］むだである。「実際(タートザッヘ)」は、証明されうる事実(レアリテート)でなく、証言されうる啓示であるとき、何であるのか。私は、自らの理解の挫折において、自己閉鎖的な円環に直面するが、この円環は、――ときに、哀れな迷える異教徒として、不信仰者として、異端者として――、それに歩み入らないものを突き放す。啓示の理解の円環も、自己閉鎖的である。信じる者は、その者に、――その者の意識によれば――、神の恩寵によって与えられる信仰によって、信仰に歩み入り、そのことによって、ほかの人類から抜け出る。［PGO 182-183］

なんらかの思考によっては、人は、安易に理解することができない。カール・バルトが思い出させるのは◆[15]、5世紀にはなおも、サクラメントについて教えることが、受容後に［すなわち受洗後に］はじめて、おこなわれた、ということである。（考えることができるであろうのは、――アリストテレスによれば、教えをもたらさず、行為を提示し、語ラレタコト(レゴメナ)でなく、行ワレタコト(ドロメナ)である――、様々なギリシアの神秘である▼[62]。）あらかじめそれについて教えるならば、そのことは背信であったであろうと、アンブロジウスは述べる▼[63]。何も知らない者は、――その者に、それについての語りが、先行したであろうときより――、よりよく啓発される。「あらかじめ何かが起こるためには、人間の語りは沈黙しなければならない」。

◆14　Karl Barth, l.c. S. 439. [Karl Barth: „Die Lehre von den Sakramenten“ In: Zwischen den Zeiten, Jg. 7, Chr. Kaiser, 1929, S. 438-439; vgl. „Die Lehre von den Sakramenten“ In: Gesamtausgabe, Bd. 24, herausgegeben von Hermann Schmidt, Theologischer Verlag Zürich, 1994, S. 413.（カール・バルト「礼典論」蓮見和男訳、『カール・バルト著作集』第1巻所収、新教出版社、１９６８年、３４３－３４４頁。）]

◆15　l.c. S. 426.［Karl Barth: „Die Lehre von den Sakramenten“ In: Zwischen den Zeiten, Jg. 7, Chr. Kaiser, 1929, S. 427-428; vgl. „Die Lehre von den Sakramenten“ In: Gesamtausgabe, Bd. 24, herausgegeben von Hermann Schmidt, Theologischer Verlag Zürich, 1994, S. 398-399.（カール・バルト「礼典論」蓮見和男訳、『カール・バルト著作集』第1巻所収、新教出版社、１９６８年、３３３－３３４頁。）］

5. 祭儀、サクラメント、教会

この事実は、世界においては、祭儀と教会である。神の啓示と言葉は、私的には受容されえない。その事実を、神の啓示と言葉は、ある制度における聖なるものの現前（ゲーゲンヴァルト）によってはじめて、獲得する。かくして、言葉は、告知の全権によってはじめて、「神の言葉」であり、サクラメントは、（聖書の制定の言葉を反復する）教会の活動によってはじめて、事実であるが、もちろん、この事実は、――言葉の聴取者やサクラメントの受容者によって経験され、ありありと（ゲーゲンヴェルティヒ）それらにおいて告知される――そのつどあらたな神の啓示によって、完成される。しかし、居合わせるが、この経験をしない者に、災いあれ！　サクラメントの真理は、「説教の言葉の真理と同様に、各瞬間に各個人にとって、神自体によっている。神の制定するちからは、各個人にとって裁きになり、聖霊の証言は、各個人を、……左に［すなわち裁きの側に］置き、各個人を、かたくなにすることもありうる。私たちが神に対して「信仰と服従とは」別様に相対するならば、恩寵は恩寵ではないであろう」[16]。

祭儀においては、場所、時間、意味を、いまや聖なるものとして、そのほかの世界から選び出すことが、明らかである。事は、全世界のあらゆる宗教において、そうである。しかし、啓示信仰は、自らを、それらから区別しようとする。啓示信仰は、サクラメントをしるしと名づけるが、しかし、これらのしるしは、あらゆるほかのしるしから選び取られている。これらのしるしは、超越者の暗号と同列にはなく、神の活動として選び出されている。それゆえ、カール・バルトは、「私たちを取り囲むあらゆる目に見えるものが、正当に理解されると、まさにサクラメント、つまり目に見えない神の目に見えるしるしにほかならないということを、ウィクリフのように[64]、歓呼しながらキリスト教界に告知する」あらゆる人々に、反対する。「それどころか、自然のなかに存在するか文化によって確立されるあらゆるほかの象徴とかくも美しく明るく同列にあるということによって、サクラメントを根拠づけ受容することができると考えるならば、そのことは、善意からの乱暴である。極めて厳しく、ここで次のように言われなければならない。すなわち、イエス・キリストが、宗教的な人物と同列におかれるならば、もはやイエス・キリストではないのと同様に、ほかの象徴と、――非常に深遠な象徴であれ、非常に畏れを起こす象徴であれ――、同列におかれるサクラメント、ほかの象徴と、――「意味をもつ」一つの事柄として――、並び扱われるサクラメントは、もはやサクラメントではない。多種多様な意味内実についての私たちの認識は、私たちに神によって与えられたしるしと、どのような関係があるのか」◆[17]。

それゆえ、洗礼の解釈にさいして▼[65]重要であるのは、たとえば水という輝しく豊かな象徴系ではなく、以下のことだけである。すなわち、神が、自然の物事から、全く別の言葉のしるしを作り出す、ということである。神の言葉においては、事は以下のようであった。「この世界の物事は、つまり生み出され消え行く物事は、それらが、自らの本質に応じて、これこれの物事として、おこないうるものであっただけではなく、おこないうるものをおこなっただけではない▼[66]。自らの自然の本質において、しかしやはり、自らの自然の本質を超えて、それらは同時に、私が聴き取りうるように神が私に語った言葉に形造られた文字であった。この私の人間の眼は、闇にだけ役に立つ私のふくろうの眼は、……自らが、それらを文字や言葉として読む才があることを見いだした。かくして、私の闇にふさわしい光において、生み出されたものの比喩において、神の言葉はその謙虚さによって私に来たのであり、私はそれを私に語らせたのである」◆[18]。

しかし、この神学者は、同時に、サクラメントというこのしるしを解釈する。私たちは、「洗礼において、たんに、水に突き落とされ、再び引き上げられ」、「聖餐において、パンを食べさせてもらい、ワインを飲ませてもらう」。前者においては、「洗礼の水に沈められることは、キリストとともに私たちが死ぬことと復活することのしるしと」見なされ、後者においては、「聖餐のパンとワインを食べて飲むことは、キリストの帰依と父への昇天によって私たちを支えることのしるしと」◆[19]見なされる。

そのことは、比喩的な解釈の一様態であり、この比喩的な解釈は、暗号としてのいかなる真の象徴も殺し、余計なたんなるしるしに引き下げるであろう。しかし、ほかならぬそのことは、意図されていない。というのは、「ここでは、無口に、ほかならぬそのように雄弁に、自然が、真理のあらゆる破壊的な考えと破壊的な語りに対立し、私たちを、始原へと」、しかし、読者が考えうるのとはちがい、自然の始原へとではなく、「あらゆる認識すること（エアケネン）からかの偉大な認識されること（エアカントヴェーアデン）へと▼67、投げ返すことにおいて」、事実があるからである。この認識されることが、サクラメントであるとされる。このサクラメントは、神の謎を守り、同時に神の啓示である。

　再び私は、そうした命題の帰結において、理解しながら一歩前進することなく、ある驚きから別の驚きへといたる。また私は、かたくなであることや見捨られていること、裁きについての、一般的な命題によって、教えられる。

　経験や観察において祭儀や宣教として出くわしたものを、私は、完全に別様に見て取る。決定的なことは、祭儀が、儀式、祈り、瞑想において、それ自体、暗号として遂行されるかどうか、あるいは、祭儀が、現前的な神の事実と見なされるかどうかであるように、私には思われた。祭儀が暗号と見なされるならば、厳粛さ、真剣さ、重大さが、――しかし浮動する自由において、やはり全力で――、可能であるように、私には思われた。しかし、経験されたものが神の事実と見なされるならば、呪術が、――因果なき因果が、事実なき事実が――、目の前にあるように、私には思われた。この事実は、確かに、服従において信仰する者［の魂］にとっては、圧倒的に印象深いが、しかし、世界においては、［服従において］信仰する者の魂における帰結のほかに帰結をもたない。この信仰する者は、いまや、浮動的な暗号を経験したのであれ呪術的な事実を経験したのであれ、別様に生き行い考え、そのこと

によって、世界において、かの経験が意味するものを証言する。[PGO 177-179]

◆16　Karl Barth, l.c. S. 449. [Karl Barth: „Die Lehre von den Sakramenten" In: Zwischen den Zeiten, Jg. 7, Chr. Kaiser, 1929, S. 449; vgl. „Die Lehre von den Sakramenten" In: Gesamtausgabe, Bd. 24, herausgegeben von Hermann Schmidt, Theologischer Verlag Zürich, 1994, S. 427.（カール・バルト「礼典論」蓮見和男訳、『カール・バルト著作集』第１巻所収、新教出版社、１９６８年、３５３ - ３５４頁。）]

◆17　l.c. S. 441. [Karl Barth: „Die Lehre von den Sakramenten" In: Zwischen den Zeiten, Jg. 7, Chr. Kaiser, 1929, S. 441-442; vgl. „Die Lehre von den Sakramenten" In: Gesamtausgabe, Bd. 24, herausgegeben von Hermann Schmidt, Theologischer Verlag Zürich, 1994, S. 415-417.（カール・バルト「礼典論」蓮見和男訳、『カール・バルト著作集』第１巻所収、新教出版社、１９６８年、３４６ - ３４７頁。）]

◆18　l.c. S. 432. [Karl Barth: „Die Lehre von den Sakramenten" In: Zwischen den Zeiten, Jg. 7, Chr. Kaiser, 1929, S. 432; vgl. „Die Lehre von den Sakramenten" In: Gesamtausgabe, Bd. 24, herausgegeben von Hermann Schmidt, Theologischer Verlag Zürich, 1994, S. 404.（カール・バルト「礼典論」蓮見和男訳、『カール・バルト著作集』第１巻所収、新教出版社、１９６８年、３３８ - ３３９頁。）]

◆19　l.c. S. 491. [Karl Barth: „Die Lehre von den Sakramenten" In: Zwischen den Zeiten, Jg. 7, Chr. Kaiser, 1929, S. 440-441; vgl. „Die Lehre von den Sakramenten" In: Gesamtausgabe, Bd. 24, herausgegeben von Hermann Schmidt, Theologischer Verlag Zürich, 1994, S. 414-416.（カール・バルト「礼典論」蓮見和男訳、『カール・バルト著作集』第１巻所収、新教出版社、１９６８年、３４５ - ３４６頁。）]

6.「啓示」それ自体は、暗号にほかならないのか

啓示は、事実であるように思われたか、全然事実ではないかの、いずれかである。前者の場合、啓

示それ自体は、現に存在し、しるしを必要としない。後者の場合、むしろ、問われるのは、啓示が「啓示」として超越者の暗号でありうるのかである。この暗号は、この場合は、あらゆる暗号からもはや際立たせられず、ほかの暗号とならんで重みをもつ。この第二の場合が真理であるならば、啓示信仰の変革は、どの時代にも、すでに現に存在したかもしれないが、いまや現代にとり、ますます一般的な意識において必要になる。そのとき、あらゆる教義、サクラメント、祭儀の形式は、るつぼに巻き込まれ［て、新しくな］るであろう。このるつぼは、表面的な啓蒙の混乱ではなく、媒介であろう。この媒介において、聖書的信仰は、――現代の・その新たな知識の・思考のその新たな方法の・その新たな生存の様々な条件のもとでの、完全な真剣さにもとづいて――、あらためて、信じるに値するがゆえに［私たちを］翔けさせる現象を見いだすであろう。この変革は、哲学することから見られると、事柄の本性に含まれている［ことが分かる］。この変革は、超越的に根拠づけられた現実における哲学的信仰の目標でもある。哲学と神学は再び一つになるであろう。

この目標は、言うは易いが、計画の対象ではなく、具体的に目に見えるものではない。不確かな希望をもってだけ、哲学する者は、この方を見やることができる。哲学する者がそのさい意識しつづけなければならないのは、哲学する者にとっては暗号にほかならない啓示に、いずれにせよこんにちでも、信仰告白のすくなからぬ信者にとっては、哲学する者が予感することさえできない別の謎が含まれているかもしれない、ということである。［PGO 504-505］

そうではあるがしかし、哲学する者にとってのみならず、平和を地上で欲する全ての者にとっても、次のことが重みをもつ。つまり、私たちは、もはや、私たちの西洋的な生の根本事態に対し目を閉ざ

してはならない。本来の聖書的信仰にではなく、様々な聖書の文書に、私たちの西洋的な生からこんにちまで切り離し難い根本態度が含まれている。すなわち、真理は唯一であり、真理は啓示によって信者に所有される。真理は排他的に妥当する。あらゆる人間は、宣教に服従しながら、真理に追従するべきである。魂の永遠の救済は、そのことに依存している。それゆえ、信仰の認識は、永遠性における生死をかけた事柄であり、あらゆるほかのものがその影に隠れることがありうるほどに重要である。聖書の文書とそれらの帰結においては、欠陥[68]がある。哲学も、この［態度の］影響のもと、哲学に疎遠なこの存在に、しばしば屈した。独善への傾向は、ここに一つの根源をもつ。唯一の真理に追従しないものは、侮蔑されるべき懐疑主義と見なされる。思弁的な思考における遊戯の真剣さは、信仰認識とその教義的な「信仰告白」の悲痛で偏狭な「真剣さ」に変化する。真理の人間的・交わり的な性格は、失われる。本来的な決断の場所は、生の実践から、――超越的に根拠づけられ、実現され、そのことにおいて人間を確信させるエートスから――、信仰告白の活動に、移される。この信仰告白の活動自体は、すでに、哲学にとっては、真理の転倒である。

それらのすべてが別様になるのは、私たちが、啓示の「覆い隠す（フェアヒュレン）」性格を受け入れながら、「啓示」それ自体を暗号として解釈する歩みをなすときである[69]。そのとき、啓示信仰の根底においての変革は、可能であろう。啓示が、もはや事実としてではなく、それ自体、暗号として見なされるとき、啓示は、質的に、暗号世界全体から、もはや際立たせられてはいない。［そのとき、］啓示は暗号であろう。この暗号は、神自体が事実的に現前的になるであろうという、人間の限りない憧憬を、一瞬、満たされたものとして、見なさせた。［しかし］、この暗号は、すぐに、人間の創造された自由であることの過酷さと偉大さに立ち戻る。これらの過酷さと偉大さにとっては、神は、仮借なく隠されたまま(フェアボルゲン)である。［PGO 505］

第e節　暗号の様々な様態

暗号の王国は、一連の並列するしるしではない。共通しているのは、暗号がしるし以上である、ということだけである。というのは、しるし(ツァイヒェン)は、直接的に言われ、見られ、知られもするほかのものを、しるしづける(ベツァイヒネン)からである。暗号は、ほかのものへの関係によってではなく、それら自体においてだけ、聞かれうる言葉であり、それを語る主体それ自体が知られず、知られえず、推論されえないところの言葉である。暗号は、しかし、解釈されうるが、やはり、――それらの意味が汲尽くされえず、解釈が根本的にほかの暗号によってなされるように――、解釈されうる。

何が暗号でありうるのか。存在するあらゆるものや、人間によって創り出されるすべてのもの、事実的なもの、表象されるもの、思考されるもの、である◆20。人はそれらを、神話的、宗教的、哲学的な伝承において、文学的、芸術的な伝承において、見いだす。［PGO 192-193］

暗号の王国は、暗号の本質にふさわしい秩序から逃れる。暗号の世界の構想は、むしろ、史実的に出現したものの、完結されえない記述と収集である。その構想は、外から中立的に見られ色褪せるならば、非現実的なものになり、秩序づけられるならば、生命を欠いた標本になる。

人は、多様なものを分離しながら、暗号の序列と次元を区別するかもしれない。しかし、完結的な王国や不変的な秩序は、生まれない。というのは、暗号は、確固的な形成物ではなく、それ自体が、無限の解釈の可能性においてや、我が物にすることと拒絶することにおいて、変化するからである。人はそれらを、そこない、旗印や標語のようなものにすることなしには、外から把握することができない。それらは、消え去ることなしには、固定されることを容認せず、かえって、自らの生命を守るために、浮動を必要とするので、哲学的には、暗号において語ることは、この浮動するものがのこるかぎりでだけ、真実である。[PGO 194-195]

文学と芸術は、直観において、非常に純粋で非常に壮大な暗号の言葉を、創り出す。それらは、[私たちを] 野蛮さから抜けださせ、私たちを人間的にさせる。非常に純粋に、そのことを、アイスキュロス、ダンテ、シェイクスピアなどの偉大な作家（ディヒター）が、おこなうことができた。彼らは、事実化についての問いの彼岸に立つ。彼らが自らの暗号によって心を打ちながら語りかけるのは、彼らが、——教義的に固定化された祭儀が、自らの信仰の対象において、そうするのとちがい——、有体性を意図しないからである。

人間のいかなる行為とも同様に、文学（ディヒトゥンク）と芸術（クンスト）にも、ある種の危険が属している。永遠の真理でありつづけるのは、——すでにヘシオドス▼[70]においてはじまり、アウグスティヌス▼[71]からキルケゴール▼[72]とニーチェ▼[73]へとつづいて、類比的に孔子▼[74]にもあった——、詩人（ディヒター）に対するプラトン▼[75]の争いである。この争いは、決して詩人の否定を意味せず、詩人の指導を要求した。なぜであろうか。

1．なぜならば、文学が、文学（ディヒトゥンク）と音楽（ムジーク）のすくなからぬ様態によって刺激され亢進される酷い衝動に従うようにそそのかしうるからであり、――なぜならば、非真理が、直観する魂に沈殿するからであり、――なぜならば、眩惑が、直観自体によって起こるからである。

2．なぜならば、文学が、「美的な」態度に、すなわち、あらゆる物事の非拘束的直観に、それらの様相や形姿、形式の享受に、そそのかすからである。非拘束性への、すなわち、あらゆる生の可能性が、――良い可能性も悪い可能性も――、現象することへの、欲望が、生まれる。

この非拘束性は、文学と芸術によって保持されるような比類のない自由の、「無関心な」直観のたわむれにおける変質にすぎない。自由がなければ、人間は、暗い真剣さに、閉ざされた鈍感さと目的に、自己の本質一般が開示されていないことに、とどまりつづける。

直観のたわむれが真であるのは、見られるものが暗号になる程度に応じてである。そのとき、あらゆるもの、すなわち、自然や人間の醜悪さや異常さ、たとえば、ドストエフスキーにとっての犯罪者やトゥールーズ＝ロートレックにとっての娼婦の生活が、真の暗号になる。［直観の］たわむれが真でないのは、それが、退廃のたんなる自己理解や、卑劣なものの傲慢、絶望への欲望としての秩序なき活動を、様々な形象において、おこなう程度に応じてである。人は、文学と芸術において、「質」について語るであろう。［「質」という］この多義的な表現は、技術のたんなる能力を、暗号として創造された形姿の透明さと、一致させるので、あらゆるものを覆い隠す。

美的な享受への退廃や、美的な享受の、――啓示信仰の経験であると勘違いされたにすぎないものとの――、一致は、それどころか時々、現代の耽美主義によって、一瞬、感染させられている神学者たちにおいても、明らかになる。かくして、ある若い神学者が、宗教改革の時代の信仰告白の形式について、「洗練された言語的形成物(ヴォルトゲビルデ)」と語る。この言語的形成物は、私たちにとっては、「唯一的で本来的なもののしるし、暗号、言葉(シュプラーヘ)である。この唯一的で本来的なものは、信仰による信仰のための言明、伝達、言葉にもとづいて、以前から、語ろうとした」。その若い神学者は、「それらの定式において固定された音楽」を聞く。そのことは、中らずと雖も遠らずであり、そうであるならば、聖書の啓示の文書も、この意味において、享受されるであろう。そのことは、――現代のスノビズムにおける、言語的形成物や文学の、祭儀的になった享受と同一の――、転倒である。

誤認されるか誤解されるかし、それらの偉大さの真理においてはまれ(ゼルテン)にしか見られない、特有の現象であるのは、ヘルダーリンやファン・ゴッホのような作家や芸術家である。彼らが、精神的な病気の最初の数年間に、人間的な可能性の限界に直面し、創造するものは、暗号世界であり、これは、ほかの作家や芸術家のそれと別様に、しかし劣らず深く、心を打つ。彼らが創造したものは、精神的に客観的なものであり、これは、作品や世界として存立する。彼らが個人として経験しおこなうものと、様々な民族が祭儀・神話・啓示において共同的にもつもののあいだには、一種の類比があるが、しかしやはり一種の類比にすぎない。というのは、彼ら自身に重みをもったものは、精神的な病気の過程の土台のうえで可能であるような、有体性の一様態と、ほかのものと別様な仕方で隠された有意味性を、もつからである。これらの病者は、効力を民族の共同体にもつ神話も啓示ももたらさない。しかし、彼らは、様々な暗号を創り出し、自らが、――自らの現存在の全体によって――、心を打ち畏れを呼び覚ます暗号である。彼らにおいて、妄想の土台のうえでだけ、しかし、妄想によってだけではなく、可能になるものは、特異な仕方で惹き付ける。不気味に、信じるに足るように、彼らは、ある深みから、語るが、彼らによって、この深みから、述べられえない（ウンザークバーレス）ものが述べられうる（ザークバール）ようになる。人間的に盲目的でない者は、驚愕しながら、これらの奇妙な美を見る。この者は、これらの奇妙な美の深みを、――観ながら――、共にすることができ、実際に唯一的な仕方で、――（特に、等しく高い理解において同様に純粋な青年、ヘリングラートの、発見的なまなざしによって導かれて、）ヘルダーリンの比類のない純粋さによって魅了されながら――、真理によって衝撃を与えられうる。しかし、私たちの実存の現実は、彼らに、「人間的な可能性の」限界において、場を与えるとしても、これらの稀有（ゼルテン）の作家や芸術家と結びつかない。彼らの世界とともに生きたい者は、美的な非拘束性においてか、（第一次大戦後、ヘルダーリンとともに、礼拝堂において、秘儀を挙行した若者たちがいたように、）わざとらしくなされたばかげたことにおいて、自己自身を欺かなければならない◆[21]。

哲学は、いかなる由来をもつ暗号をも、我が物にすることができる。哲学は、自ら、自らの思弁において、暗号を創り出す。しかし、真の哲学は、啓示信仰にもとづいてのように全権をもってなされるかのようには、語ることができないであろう。[PGO 193-194]

それゆえ、暗号の、――それらが、真ならざるものをもつことなく、私たちに対して現に存在しうる形式としての――、様態は、上昇する系列にある。すなわち、それらは、美的な非拘束性において、様々な意義をもつ途方もない王国として、告知される。私たちは、衝撃を与えられながら、しかし浮動させつつ、それらを共にする。それらは、現実の状況の瞬間において、重みをもつしるしとして、私たちの実存を照明する。しかし、拒絶されなければならないのは、様々な混同であり、それらのなかでも、根本的に決定的なもの、すなわち、暗号の有体化における事実化である。[PGO 187-188]

完全な非拘束性においてたんに知られただけではないあらゆる暗号に対して、惹き付けることと突き放すことや、我が物にすることと撥ね付けることが、すなわち、暗号の王国における争いが、おこなわれる。［PGO 198］

◆20　私の『哲学』第3巻参照。［Karl Jaspers: Philosophie, Bd. 3, Metaphysik, Springer, 1932.（カール・ヤスパース『哲学』第3巻『形而上学』鈴木三郎訳、創文社、１９６９年。）］
◆21　私の著作『ストリンドベリとファン・ゴッホ』（１９２１年）参照。［Karl Jaspers: Strindberg und Van Gogh, Ernst Birscher, 1922.（カール・ヤスパース『ストリンドベリとヴァン・ゴッホ』（ヤスパース選集３６）、藤田赤二訳、理想社、１９８０年。）］

第f節　暗号の王国における争い

シナイ山上のモーセ、――預言者の召命、――聖霊の注ぎ、――復讐（エリーニュエス）**の女神たちが慈愛**（エウメニデス）**の女神たちになること**[76]**、――急に現れたアテナが、ギリシアの英雄の怒りに遭う結果、理性的に、すでに握られた刀を鞘に収めること**[77]**、――そして、無数のほかのものは、恣意的な空想ではない。それ［ら］が、唯一の平面にあることや、同じちからと妥当性をもつことは、なお少ない。**

様々な暗号は、争いにおいてある。私たちにとっては、それら［のあるもの］は、より遠くへ行き、［それらのあるものは、］より近くへ来る。幾つかの暗号は、私たちの生の道程で輝き、ほかの暗号は、

誤り導く疎遠で曖昧な言葉として、拒絶される。非常に多くの暗号は、どうでもよいままである。
宗教的な組織や、国家的な信仰の勢力の、外面的な争いは、一部は、暗号の争いでもある。しかし、この争いそのものは、精神的であり、魂（ゼーレ）の内にある。この争いは、無言の過程や突然の活動においてなされる。人は、この争いを、それの背後にあるほかの勢力によって（現存在の、共同の生の秩序の、心（ゼーレ）の無意識的なものにもとづく動機の）、解釈するかもしれない。しかし、そのような解釈は、本来的な内実から、［私たちを］連れ去る。事態の出来事の因果的な把握にとっては、そのような解釈は、限定された意義をもち、しかし同時に、無際限に、続けられえ、組み合わされえ、変えられうる。そのような解釈は、暗号それ自体への没頭へと、［私たちを］連れ戻す。

人は、暗号を、いわば超越者を取り囲む様々な圏円から、聞くかもしれない。これらの圏円それ自体は、比喩にすぎない。人は、暗号を、記述し、究明し、最も効力あるそれらの史実的な現象においてとらえ（神話学）、そのつど個々の集合を、自らが心を打たれていることにもとづき、現在の言葉に翻訳しながら、提示し（バッハオーフェン▼78）、それらを、個別的にや、全体的に、批判にさらすかもしれない。［PGO 195］――固有の根源をもつこの王国が、超越者からの照明として、つねにのこりつづける。この王国は、様々な人間と時代において、貧しく乏しいか、豊かで力に満ちているかである。この王国を放棄したと考える者は、自らを欺く。その者は、その者にとって事実と勘違いされたものの鈍感な真剣さになったものを暗号として再認しないだけである。［PGO 188］

それゆえ、争いは、非常に様々な意味をもつ。争いは、第一に、暗号世界を純化し、保持し、混同しないために、暗号世界それ自体をめぐって、なされる。争いは、第二に、個々の暗号が感じられう

る主張を掲げるところでは、個々の暗号をめぐって、なされる。（争いは、暗号世界それ自体において、暗号に対立する暗号によってなされて、［合理的な］根拠に対立する合理的な根拠によってなされることは、決してないか、見かけだけである。）神学者の争いと哲学者の争いの優良な部分は、純粋に知的に、また、それによって内実をもたずに、なされるのでなければ、本質的に暗号における争いである。

　表明されない無言の、魂における争いは、暗号をともなう生の全ての様態をめぐってなされるか、あらゆる暗号への態度とあらゆる暗号との関係を規定する一切を巨大な暗号世界の現象において貫き導くものをめぐってなされるかする。ダンテ、カルデロン、シェイクスピアの世界を等しく受け入れることは、不可能である。そのことを、正当にもあらゆるものに等しくかかわらずに、なしうるのは、純粋な文献学である。そのことを、不当にも非拘束的に、なしうるのは、美的な生の状態である。しかし、事が可能的実存にとって真剣であるところでは、人間は、確かに、あらゆるものに対して、何らかの関係を獲得するかもしれず、いたるところでそれによって、ある特定の仕方で心を打たれうるが、しかしながら、それぞれの核心を拒否しながら、それに対して立つ（ゲーゲンユーバー）か、それぞれの核心において共生しながら、そのなか（イン）に立つかの、いずれかである。しかし、この核心や［この核心を］貫く原理がそれぞれ何であるかを、人は、表明しようとするが、やはり、とらえない。というのは、私たちは、人間のあいだにいる人間であり、自らが見渡すことがない勢力の争いのなかに立つからである。あらゆるものが理解されうるであろうし、あらゆるものが自らの場で全体として真実であり現実であるであろう、アルキメデスの点を、引き受けうるであろうのは、神性だけであり、人間ではない。勢力を映し出す作家の最大の開放と、哲学者の最広の理解は、十分ではない。どんな宇宙(コスモス)を、少数の最も偉大な人たちが、創り出したとしても、それは、包括者における一つの宇宙(コスモス)であり、それ自体は一切を包括するものではない。[PGO 198-199]

さて、いまや、暗号についての語りに代わり、事柄自体が始まるべきであろう。つまり、暗号の呼び出しの実践、説教、哲学的な芸術作品、である。それとともに、はじめて、可能性の真剣さが、内実自体の覚醒(エアヴェッケン)において、実存にとっての超越者の開示(オッフェンバールマッヘン)において、ありありとなるであろう。ここでは、しかし、再び暗号について別様に語る若干のたんなる指摘で、満足しなければならない。

1. 暗号文字としての啓示をめぐる、それを啓示として事実化することに対する争い

事実的な啓示が存在し、そしてそれが唯一の真の啓示であるということは、決してあらゆる人間が共にはしなかったし、こんにち少数だけがもつと主張するにすぎない信仰である。

暗号における争いの自由をめぐる、啓示信仰に対する争いは、神の現実に対する悪しき啓蒙の争いではなく、超越者が聞き取られる暗号をめぐる、暗号同士による争いである。

私たちにおいては聖書と古代の哲学によって覚醒させられ子どものときから神の現実の経験に導いたような、哲学者と神の思想をもちながら哲学するあらゆる人間の神の信仰は、純粋性を欲する。神の信仰は、混同されるべきではなく、混濁されるべきではない。

(啓示信仰はつねに教会的であるが、)啓示信仰の神の思想が、さしあたりは正当に、ついでしかし非難されるべき手段で、そのことに抵抗するのは、それが自らのちからを大多数の自らの支持者や教

会の法廷の暴力に依拠させるときであり、それがそのことをなしうる様々な時代に無条件に検閲と強制を用いるときである。正当な仕方で法秩序によって公然たる嘲笑や礼拝の破壊から守られながら、不当な仕方で、啓示信仰の神の思想は、それを超え、「宗教的な感情の損傷」や「瀆神」について語り、ほかの信仰や史実的洞察の公然たる自己の表明への法治国家的な介入のために、これらの非難を利用するという傾向をもつ。しかし、精神的な議論の平面においては、根拠をもって、次のように述べられる。すなわち、哲学的信仰は、特殊な法的保護を受けない。哲学的信仰は、個々の魂の事柄であり、組織的な共同体の事柄ではない。哲学的信仰の「宗教的感情」が、たとえば神が人となったという主張によって損傷されるならば、哲学的信仰は、この感情をすぐに修正しなければならない。というのは、確かに、哲学的信仰にとっては、――自らそのことを信じ考えるならば――、瀆神であろうものを、やはり、哲学的信仰は、――哲学的信仰に、そのことが、ほかの人間によって告白された信仰として出会うならば――、自らそのように判断することもできず名付けることもできないからである。哲学は、客観的な瀆神（ゴッテスレステルンク）を知らない。神は、冒瀆（レステルン）されるものの彼岸にある。冒瀆されるのはつねに、人間的な法廷と主張だけである。確かに、哲学者が哲学的な不当に出会うことは、まれではない。たとえば、ストア派のクレアンテスが、天文学者のアリスタルコスに、（アリスタルコスが、地球を宇宙の中心から排除したので、）瀆神の罪を着せたときである▼[79]。しかし、そのような逸脱は、哲学者においてなされるときこそ、それだけますます徹底的に争われなければならない。

　同じことが、再度、別様に言われると、以下である。すなわち、啓示信仰の拒絶は、私がそれを私自身に対しておこなうとき、神を欠いているわけではない。隠された超越者を前にして、哲学的信仰者によって、その神思想にもとづいて、不可避的におこなわれているが、この神思想は三千年の伝承と固有の実存的な確信にもとづく。しかし、誤りであろうのは、神は私が私に対して拒絶する信仰によって損傷されるという命題を哲学しながら主張することである。探求されるだけである神は、この探求においてや、発見だと勘違いされたものにおいては、侵害されえない。自らにとって理解されえなくなった啓示信仰に従うならば、私を前にしてだけ、私は、自らにとって可能な超越者への関係において、責めを負うであろう。

　しかし、啓示の事実化が、暗号の性格のために消え去るとしても、やはり、啓示の内実は、のこりつづける。啓示の内実は、予見されえず、不確かではあるが、大なり小なり語りかける。神がシナイ山でモーセに十戒を伝えるかどうかや、神がイエスとして人類のために十字架にかけられ復活するかどうかは、異質な暗号であるので、決して同じ仕方では真理をもたらさない。ほかのあらゆる啓示においてと同様にこれらの暗号において聞かれうるものは、人間にとっては、状況や固有の背景次第で、惹き付けるものであるか、どうでもよいものであるか、突き放すものであるかでありうる。啓示の事実化が放棄されているとき、存在するのは、啓示の形式で語る様々な内実をめぐる争いである。それらの内実は、自らの事実性が奪われると、強力な威力をもちつづける。

　啓示の事実性の終わりとともに、「啓示の」「排他性」の終わりも、現に存在する。この「啓示の」「排他性」の終わりは、たんなる信仰の闘士としてあるので、もはや人間として互いにや私たちと語れない人たちの、交わりを欠いた争いの終わりである。これらの人たちは、無力（オーンメヒティヒ）であるならば、私たちに友好的である。これらの人たちは、強力（メヒティヒ）であるならば、――過去の数百年が証明したように――、私

たちを殺す。

2. 神性の暗号

「あなたは自らのために肖像と比喩を造るべからず」。そのことは、神自体が言わせられた聖書的な要求であるのみならず、事柄として把握されうる哲学的な必然でもある。いわゆる否定神学、すなわち知ることがなされない（ニヒトヴィッセンケネン）ということと知ることが許されない（ニヒトヴィッセンデュルフェン）ということの洞察は、――それにおいて人間が、神の思想を「ない」によって思考するがゆえに、神の現実を、自らの歴史的な実存において、把握されえないままに経験することができるところの――条件であり、成立の場所になる。

しかし、聖書において、かの要求を放棄することなく、同時にやはり、神に向けられた沢山の暗号が現れ出るように、かの仮借のない要求にもかかわらず、人間が、有限な理性的感性体であるという自らの本性によって、せきたてられているのは、神性へと超越しながら、暗号において運動することである。これらの暗号は、確かに、神自体であろうとするとき、空しいが、やはり、それぞれの仕方で、――大なり小なり語りかけつつ――、いわば道を導く。［PGO 213］

例：

（1）類比

類比によって、**世界**における**存在**の様々な**様態**をもって、**世界**を**神**に転用しつつ、**神**の**存在**をとらえようとする。**類比**は、**相違性**（アンダースザイン）のなかの**共通性**を言い表す。かくして、**神**に帰されるのは、**人格**、**意**

志、自由、神の人格の根底の闇、ちから、**怒りと憐み**、**愛と理性**などである。かくして、**宇宙の万有**や**自然の壮大が神の類比**になる。あらゆるものにおいて、**神が見いだされうる**が、**他方**で、**神**は、**同時**に、**絶対他者**（ダス・ガンツ・アンデレ）である。

しかし、**決して**、**類比**は、**神性**をとらえない。**個々の類比**のみならず、**類比**であること**自体**も、**一個の暗号**にすぎない。しかも、**類比**は、**神自体に関係**づけられ、**超越者の言葉の暗号**でありつづけないときは、**神性を隠蔽し制限する安易な理解**や、**神が隠されていることの真剣さの緩和**である。**類比による神性の思考**はつねに、**神性の世界化**である。**類比**による［**神性の**］**表象**は、――**私たち**が、**確かに**、**逃れえない**が、しかし、**神の確信が決定的**になればなるほど、**断念**において**私たちを克服**しながら、**拒絶**せざるをえない――**一個の形式**である。

（2）カテゴリー

暗号には、カテゴリーが属している。それらのカテゴリーは、それらとともに、それらの特定の意味を超越しながら、用いられるが、やはりつねに、人が名づけようとするだけで、存在、根底、根源や、超越者、神というカテゴリーや名称によってだけ名づけられうるものを、確認する。ストア派が必然と摂理について、プロティノスが一者について、スピノザが実体について、ヘーゲルが絶対精神について、語るとき、事はそうである。論理学において、ヘーゲルは、ほとんど凌駕されえない仕方で、カテゴリーの総体を展開し、どのようにそれらが、すべてのグループにおいて、――個々のグループのどれかではなく――、哲学の歴史のあるとき、絶対者にさせられたのかを示した。しかし、ついで、ヘーゲル自身は、超越者を私たちに対して破壊する思想を遂行する。すなわち、絶対者が、カテゴリーの総体においてや、カテゴリーの体系的な完全性において、思考されることがゆるされ（創造以前の神の思想として▼[80]）、思考されることがなされなければならない、という思想である。数千年をつうじて、実際、様々なカテゴリーの、——すなわち新たな組み合わせにおいてそれらが再び用いられる——、遊戯が、存在し、繰り返し、無際限の可能性をもつ旧来の思想が、存在する。ヘーゲルによってそれらが我が物にされることは、解放のようであるが、カテゴリーの全体性を神についてのふさわしい知と見なすというそのさいに支配的な根本思想を例外としてもつ。ヘーゲルの秩序づけられた洞察は、確かに、同時に信仰の告白と哲学の認識のように働く神についての主張によるつねに新たに脅かす欺きから守るが、しかし、それの全き知が「真理の勇気」▼[81]にとっては閉ざされていないとされるところの認識された神と誤解されたものへと誤り導く［PGO 231-232］

（3）三位一体

キリスト教的西洋において最も奇妙であり最も長続きする暗号は、神は三つの位格において一つであるという三位一体である。一なる神性という思想は、聖書において、プロティノスにおいて、魅了するものをもつ。しかし、一なる者（デア・アイネ）や一なる物（ダス・アイネ）は、一という数ではない。というのは、一という数は、それ自体としては、空虚であり空疎であるからである。一という数による暗号のこの誤導を拒むために、三という数が（しかし背理や神秘として）考えられたが、三という数は、数の暗号を再び放棄する。この思弁の道程は、次のものであるように思われる。すなわち、神秘は、一体（インアイナンダー）の三位の永遠の活気（レベンディヒカイト）によって満たされるべきである。［一方で、］三つの歩みをなす弁証法の思弁は、三位一体の鏡像を世界存在の一切の領域に見て取り（アウグスティヌス▼[82]）、かくして、三位一体（トリニテート）にもとづいて創造の弁証法的な性格を把握した。他方でやはり以前は、この弁証法を世界から神へと転用することによってはじめて、三位一体は、理解されうる沢山のものを神秘において保持した。しかし、一が同時に三であるこの思弁的な形成物の全体は、数の点で把握されてはならない。数は、外的な手引きにすぎない。この外的な手引きは、事柄と見なされるならば、一と三の同一性の不合理において、消え去る。世界の表象による三一（トリニテート）の直観は、（一であろうと三であろうと）数と同じく取り消されなければならず、結果としては、結局のところ、この思弁的な遊戯の全体が消え去ることにおいて、再び、全く隠された神だけが、現実的である。［PGO 254-255］

（4）人となること

遠く隠された神が人に近づきうる一つの仕方だけがあるように思われる。すなわち、神が自ら人となる（新約聖書における信仰）、ということによってである。そのことは、哲学的な思弁によってではなく、信仰に対する神の行為によって、なされる。神の行為は、信仰にとっては、導出されえ、把握されうる必然性としてではなく、歴史的な事実として、重みをもつ。原始教団は、復活したキリストを目撃し、そこから過去を解釈しながら、生きた人、イエスを、神自体と見なした。すなわち、イエス・キリストは、全く人であり全く神である、と。［PGO 226］

この信仰は、アウグスティヌスからヘーゲルへといたる教義学と哲学の思弁の出発点になった。教義学は、何よりも、神秘を展開し、哲学は、（たとえばアンセルムスにおいて、それからニコラウス・クザーヌスにおいて、再び全く別様にヘーゲルにおいて、）歴史的な出来事、神の行いを、普遍的な必然性にもとづき、把握する。キリストなしでは、神は、遠く、疎遠で、怒り、驚愕にすぎないであろう。仲保者としてのキリストによって、神への道は開かれている。自身が同時に神であり人である仲保者が現に存在する。神を人は拠り所にすることができる。[PGO 251]

人であり人でない一人の現実の人間による神のこの暗号は、数々の時代をつうじて、ある人々には、深く激しく語りかけた。神のこの暗号は、こんにちまで、別の人々には、「つまずきとおろかさ」[83]**でありつづける。神を冒瀆する命題において神を侵害するゆえにユダヤ人にとってはつまずきであり、事柄にはさらには言及せず事柄を奇異で論外なものとしてだけ見なしたギリシア人にとってはおろかさである。**

キルケゴール（偽名H・H）は、次のように書いている。「彼は自ら、自らは神であると述べた。それで十分である。どこであれいつであれ、ここでは、あれか‐これかが、絶対的な重要事である。すなわち、祈りながらひざまずくか、彼を打ち殺すことに加わるか、人間性をもたず、人間が自らを神と偽ろうとするとき、憤慨すらしえない非人間であるか」[84]。

神が人となることを神の故に信じえない者は、そのことについて次のように考える。（1）イエスは、自らは神であると決して言わなかった。そのことをヨハネは、神を人と見なすという信仰の願望にもとづき、イエスに言わせたが[85]、この信仰は、イエスの信仰ではなかった。この願望は、繰り返し西洋において、キリストを信仰させた。この願望は、アジアにおいて、仏陀と孔子を時間の経過とともに受肉した神々にさせた。（2）あれか‐これかは、キルケゴールにとっては、絶対的な二者択一ではなく、彼にとっては、三番目の可能性、「非人間」の可能性を、のこしておく。非人間として語りかけられるのは、かつてより哲学的信仰の理性において根拠づけられ、本来的に人間的であったものを、共にする者である。すなわち、自らを神と僭称する人間は、（イエスがなさなかったことである、）どこで現れるとしても、妄想的と見なされ、憤怒の対象でなく保護の対象である。（3）「彼を打ち殺すことに加わること」、キルケゴールの二者択一におけるこの暗号は、非常に明白である。確かに、この暗号は、神が人となることへの信仰を共にしない者にとっては、重みをもたない。というよりも、この暗号を、この者は、そう単純に受け入れない。しかしながら、この暗号は、もしかすると、不気味な光をわれわれの生存（ダーザイン）の根本条件に投げかける。どのようにわれわれは、真理を打ち殺すことに絶えず加わるのであろうか。私たちは、そのことを知ることを欲せず、都合のよい生活（レーベン）の状況のもと、そのことを自らに隠蔽しうると思う。ここにおいて、もしかすると、ユダヤ人、ナザレのイエスの現実は、――彼の神の民の、また、超越的な根拠におかれた人類の、暗号として――、比較されえないほどに明るく照らす。私はここでは、そのことには立ち入らない。［PGO 227-228］

　宗教史的には、神と個々の人間の同一化は、あらゆる偉大な文化において多様な形姿で、存在する。特殊にキリスト教的なものは、神がこの一回だけある人間へと受肉したと信仰されるということであり、この受肉が神と世界、人間の解釈の中心になるということである。［PGO 226］

受肉の思考における緊張は、啓示としての歴史的な事実と、暗号としての普遍的な洞察のあいだの、緊張である。［一方で、］**啓示の事実においては、哲学が消え去り、服従と知性ノ犠牲だけがのこる。**［他方で、］**普遍的に思考され、ついで存在の全体のなかで個別化された暗号においては、啓示が消え去る。そのとき、たとえばクザーヌスにおいてであれヘーゲルにおいてであれ、人となることの暗号が何であるのかは、これらの偉大な形而上学の暗号とともに、それの存在の連関の全体のなかで、究明され**

うるほかない。しかし、これらの偉大な形而上学は、それ自体、私たちにとって歴史的な形成物である。これらの歴史的な形成物を、私たちは、遊戯において共に思考しようとするが、浮動させつづける。私たちは、クザーヌスには近く、ヘーゲルにはいずれにせよ全く遠いかもしれない。

3. 和解の思想

現存在における人間の根本状態は、対立した仕方で経験され思考されるように思われる。災厄の経験は、付随的であるか、基礎的であるかの、どちらかでありうる。災厄の経験が付随的であるのは、存在とそれにおいて人間が、永遠の秩序において存立するものとして見られ、世界の壮大さと人間の至福さが、驚嘆すべき調和において完成されたものとして見られるときである。その場合、災厄は、すぐに再び秩序に連れもどされる一時的な逸脱である。しかし、［災厄の］経験が基礎的になるのは、世界と人間が、根本的に腐敗的なものとして、継続的に証言される災厄として、戦慄と驚愕として、逃げ道のないものとして、見られるときである。その場合、厄災からの救済への衝動は、決定的となる。

二者択一が問題であるように思われる。いずれの側においても、確かに、対立の他方の要素が取り上げられる。調和的な状態は、災厄を否認せず、深い、思いこがれた嘆きをなしうるが、しかしやはり、守られつづける。絶望的な状態は、世界における美と幸の要素を見て取るが、しかし［やはり］、――これらは、すぎさりゆくものであり、不十分であり、不確実であり、見せかけのものであるので――、それらの享受においてなおも絶望的な苦痛がのこりつづける。第一の側（調和的な状態）は、第二の側［（絶望的な状態）］の「病的な」苦しみに満ちた状態を嘆く。逆に、第二の側は、そのまな

ざしにとっては欺瞞的な第一の側の仮象の幸における表面的な調和の表象を侮蔑する。

現存在が破れていることは、苦悩としてや罪責として見られる。苦悩とともに、すなわち、生まれてすぐの児の泣き叫びとともに、生は始まる。意識をはじめてもつことはもう、すでに、罪責の意識の兆しと結びつけられている。（紀元前の最後の千年間の）世界史の基軸時代における洞察の成熟において完全な明瞭さをもって明らかになるのは、（個々のものとして考えると、避けられうるようにも思われる、）あれやこれやの［個々の］苦悩ではなく、あれやこれやの個々の罪責ではない。自己自身の全体によって、現存在は、自己［自身］の根源から、苦悩と罪責（、それに加えて争いと偶然）である。

仏教とキリスト教は、回答を与え、それにもとづいて、救済の道を示す。両者は、暗号において、抗い難い真剣さにおいて、超越者の現実へや、人間の実存の現実へと向けられつつ、語る。それらの暗号は、災厄の由来と救済を示す。私は話をキリスト教的なものに限定する。

ここでは、原罪が、恩寵と和解が、問題である。人間の根本状況の様々な解釈と回答が存在する。人間の根本状況は、それ自体としては、哲学的に、いかなる人間にとっても把握され理解されうる。しかし、信仰認識の教義学的な命題において表明される啓示信仰のこの特殊な回答においては、信仰にとってだけもしかすると明らかでありうる理解不能性が示される。啓示信仰は、自己閉鎖的な信仰の円環である。つまり、信仰者は、恩寵によって、自らに対してはじめて罪人として認識され、同時に、信仰者に対して、神との和解において、救いが差し出される。この円環へと入り込まない者は、円環の暗号をその事実化と見なさざるをえず、それとともに必然的に、以下のことを拒絶せざるをえない。すなわち、人間の実存とともに示される全面的な罪責が、実体的な原罪になる、ということ。［あるいは、］不死の暗号が、ラッパが最後の審判のさいに墓を開けるときなされる肉体の復活になる、ということ。［あるいは、］ほかのだれともちがい、革命的に、災厄の測り難い巨大さや愛の深み、必然的な回心（ウムケーア）の徹底性を照らす預言者的人物としての人間イエスが、神の事実的な受肉としてのキリストになる、ということ。しかし、信仰の円環へと飛び込みえないので、これらの客観化されたものを、ほかの仕方で、おそらく不十分に解釈する者も、やはり、それらがその者にとって、再び純粋な暗号になるとき、それらによってなお、語りかけられている。それらは、その者を、自らへの批判的な省察へと運動させる。

（アダムの行為とそれによってあらゆる以後の人間にとって生得的になった特質という事実化としてでない）原罪の思想は、正しいものを求める、人間の一切の努力に直面して、正常でない（ニヒト・イン・オルドヌンク・ザイン）ことの暗号として、真になる。というのは、人間は自らが、自らとの関係において、様々な抵抗に巻き込まれているのを見るからであり、つねにあらためて、人間にやはりとうに認識された失敗に、それにもかかわらず、さらされているのを見るからである。すなわち、実存としての人間は、人間がつねに自己自身にみいだす堕落と、人間が自らを引き出して回心するということを自己自身にゆだねる自由のあいだの緊張において、争わなければならない。

しかし、危険であるのは、人間が、――私はとにかくこういうものだと言い、恩寵！恩寵！と叫ぶ仕方で――、恩寵に逃避するとき、この暗号が人間を誤導するということである。正当であるのは、人間が自らを誇ろうとするとき、この暗号が人間を謙虚にさせるということである。人間が、確かに、自己自身に依存しているということ、しかし、――飛翔が自由によってなされるときには――、自己自身が自らに贈り与えられることを知っているということを、この暗号は、人間に感じさせる。というのは、人間は、自らに現れないことがありうるということを経験したからである。何も、人間は、事実的な恩寵について、体験や外からの実際の介入としては、経験することができない。何も、人間は、［事実的な恩寵について、］自らに外から与えられる救済の過程の客観化によっては、期待することができない。しかし、この救済の歴史（ハイルスゲシヒテ）でさえ、感性的・有限的な存在としての人間に、暗号として、語るかもしれない。つまり、自らのちからの全てを自らに贈り与えられた自由においてだけもつが、やはり、総じて言えば自らを自らだけでは助けることができないものを、この救済の歴史（ハイルスゲシヒテ）は、人間により深く理解させる。

この暗号は、自由それ自体を勇気づけ、その可能性の最大限へとせきたてるかぎりでだけ、真でありつづける。しかし、この暗号が人間の緊張を緩和させ、人間が「恩寵」において自らを安心させ、神による義認や救済、和解の確信においていまや「大胆に罪を犯す」瞬間に、その暗号はだめになる。そのとき、個別的に把握されうる個別的な罪責は、把握されえない全面的な罪責において安心するために、軽視される。自らを純化し、世界において可能なことをおこなう代わりに、「信仰による義認（レヒトフェルティグング・ドゥルヒ・デン・グラオベン）」が重みをもつとされる。全面的な罪責として原罪を承認し、全面的な罪人として生きる者は、いまここでの完全に特定の罪責の承認とその償いから逃れる傾向をもつ。その者は、神の前での謙虚さという仮面をかぶり、自らの全面的な原罪的罪責を承認したという自らの途方もない信仰の行為を誇るようになる。神とその者は和解している。だれも、その者を、世俗的な個々の罪責の些細事のゆえに、判断してはならない。

しかし、神との「和解」の暗号は、それにもかかわらず、偉大な真理をもつ。すなわち、さもないと慰めのない災いにおいてや、絶望的な罪責の意識においては、それは、全面的な破滅から再生させ、新生させるちからをもつ。なぜならば、破壊的な究極性において、再び、可能性が開かれるからである。

ふさわしくないものを暗号がつねに保持するのは、苦境、悲惨、固有の罪責、経験される不正、驚愕させる状態が覆い隠されるときである。すなわち、真理は、悲惨がその範囲の全体とその事実の全体において承認されるということを、主張しなければならない。

暗号において、罪責からの解放が、この世界における贖罪や、善良な行為、信頼されうる態度によってとは別様に、期待されるときにも、暗号は、ふさわしくないものになる。赦しは人間のあいだにある。人間の交わりの、――真正であるなら、非常に驚くべき――、この行為は、不正が、(種類と程度の点でなおもかくも様々であるかもしれないにもかかわらず、) 相互に承認される、ということである。無条件な誠実さにある愛から生まれ、赦しは、新たな愛しながらの交わりを根拠づける。罪責は、それの様々な帰結においてのこりつづける。(しかし、そのことは、永遠の地獄の懲罰の暗号において驚愕させつつ、二義的に、すなわち真と偽に、考えられる。) ゆえに、罪責は、やはり、絶対的なものではなく、善意志によって交わりにおいて生じる全体的なものへと受け入れられる。しかし、人間同士が赦し合うということとはことなり、神に赦させることは、人間同士と自己自身からの逃避のはじまりである。

客観的な救済の過程への、――キリストの犠牲の死と復活をとおして救済されていることを私が信じるという意味での――、信仰による和解は、「信仰のみによる義認（レヒトフェルティグンク・アライン・ドゥルヒ・デン・グラオベン）」（パウロ、ルター）として考えられているならば▼86、哲学的には把握されえない。そのような信仰の主張がなされる事実（ファクトゥム）に対する驚きは、いかなる理解も促さない。理解しないゆえに全く衝撃を与えられないことは、人間がそのように「かつて」語り「いまも」語る事態（タートザッヘ）に対する衝撃と、彼らの生における帰結の観察だけを、のこしておく。暗号としてさえ私は、この「義認」を理解することができない。信仰告白や様々な言明において書き記されるものへの信仰は、どのように功績でありうるのか▼87。啓示の事実がもはや暗号でありうるものとしてさえも語らないところでは、不安（ベウンルーイゲン）にさせる不気味な限界が感じられうる。

それに対して、キリスト教的な地盤のうえでヘーゲル哲学の始まり（グルント）にして終わり（アップシュルス）である疑わしい和解は、全く別である。把握され、把握においてなされる和解において、あらゆる否定性は、確かに受容されているが、しかし克服されたものと見なされる。ヘーゲルは、あまりに多くのことを知りすぎている。それは信じるに値しない。知識において見通されたこの和解は、和解ではない。その暗号は、見せかけの安心（ベルーイグンク）を与える。

自らを根拠づけ（ベグリュンデン）られず、知らず、確かに、――あらゆる克服されえない驚愕や、精神病（自然）と拭い難い悪（自由）、世界がそれであるところのものの一切の没落の可能性に直面し、また、こんにちでは、地球上の人類と生命全体の自己破壊の可能性に直面し――、挫折するように思われるが、やはり、自らを回復させることができる根本的信頼は、再び別である。何に向けての、何に対しての信頼か。言語は、そこには届かない。言葉自体はそれだけで、あまりに多すぎる。知識にとっては獲得されえず、信仰の内容においては告白されえないが、隠された神と根拠のない（グルントロース）この信頼は、互いに結

びついている。［PGO 364-367］

4．栄光ノ神学と十字架ノ神学

（とりわけテオドシウス・ハルナックによって卓越的に叙述された▼88）ルターは、彼に固有な怒りをもって、トマスとソルボンの栄光ノ神学(テオロギア・グロリアエ)に反対し、十字架ノ神学を中心に置いた。すなわち、十字架をとおしてだけ、道は神へと通じる。神については、私たちは、直接的に何も知ることができない。神の栄光(ヘアリヒカイト)への沈潜は、愚行と逸脱である。そのことは、容易で空想的である。しかし、魂の救いにとって問題であるのは、十字架における追従と十字架と復活をとおした救済を見いだすことである。そのことは、困難で事実的である。

カール・バルトは、ルターの思想に従った。「一切のキリスト教的な宣教の誘惑は、……隠されていない神について、大なり小なり強力(ゲヴァルティヒ)に説教しようとすることである▼89。誰が、十字架ノ神学者であることより、栄光ノ神学者であることを欲しないのか。思いやりをもって、［栄光ノ神学者であるこ との」怠惰に言及せずとも［、その問いが立てられる］。こんにちプロテスタント教会でさえもその説教壇から「福音」として聞き取られるものの99％は、何らかの言い逃れのもとで、また、何らかの言い回しにおいて、栄光ノ神学である」。そのことにおいて、人間の精神は、それに固有な威力(ゲヴァルト)をもって、「証言するのではなく、直接的に伝達し」ようとし、「十字架を急いで通り過ぎて」、「神の言葉を裏切る者に」◆22なる。

十字架の暗号において語ることを、私は、非神学的に、以下のように理解する。すなわち、死に至

83

るイエスの苦悩は、（十字架上の最後の言葉、――わが神、わが神、なぜ私をお見捨てになったのですか▼90）彼の精神的に革命的で先行する一切を凌駕する真理の帰結であったのであり、それを証言したのである。ユダヤ人として、自らの偉大な預言者の先行者に追従しながら、イエスが主張したのは、人間の災厄を承認することであり、何らかの緩和させる解釈によってそれを看過することやそれを無視することをしないことである。比較不可能な無条件さによって、イエスは、世界を暴露し、世界をして自らを暴露させた。しかし、イエスは、圧倒的な神信仰にもとづく自らの愛によって、自らすでに神の国にありながら、そのことをなした。イエスは、成功した者と勝利した者や、道徳的な者と幸福的な者の満足に、反対した。イエスは、この世界においては実現されえない山上の説教で、この世界において人間がどのように神の国にもとづいて振る舞うであろうかを示した▼91。配慮をしないそのような真理は、支配層にとってや大衆層にとっては耐え難いので、イエスは、ソクラテスのように抹殺された。――支配層にとって耐え難いのは、イエスが彼らの恐ろしい不正を暴露するからであり、――大衆層にとって耐え難いのは、イエスが、政治的に、世俗的な王として、自らのちからによって、より良い状態とこの世の幸福を生み出す気がないからである。それゆえ、大衆層は、イエスをではなく、犯罪者バラバを、ローマの恩赦のために優先させた◆23▼92。人間イエスの現実は、自らの神に直面する人間の可能性の比類のない唯一の暗号である。

使徒の信仰創造と教会設立がそれから作り出したものは、別物である。教会の新たな災厄は、このイエスを、人間のこの現実を、無視して語り（フォアバイレーデン）、無視して生き（フォアバイレーベン）ようとすることであり、真理からのや真理ゆえの限りない苦悩というこの暗号を否定しようとすることである。イエスの神信仰に従いながらこの全き無心さと素直さにおいて生きうる人間にとって可能であるもの、つまりこの極限的なものを、教会は、再び背景に退かせ、それを神の一回の犠牲の行為に高めて、そして、この犠牲の行為によって人間を永遠に救済し、しかし、人間をそのような犠牲から解放する。その人間は、教会の信仰告白を信仰し、教会に服従しているならば、安心していることが許される。

これが、少なくとも一つの要素として、栄光ノ神学に反対するルターの憤激において、心を打つものである。しかし、イエスの追従に真剣であった人間によって歩まれた現実で多様に可能な道は、――とくに、アッシジのフランチェスコやキルケゴールの互いに全くことなる道は――、教会にとっては受け入れられえない。しかしやはり、それらの道は、――先端が折り取られ、本質が奪い取られることによって、教会の別様に雄大な思考体系と生活体系に組み入れられるかぎりで――、教会によって取り上げられ、役に立てられる。教会に服従しつつ遂行された多数の犠牲や、感嘆すべき放棄の実行、繰り返し出現した勇気ある教会の人々は、(全世紀をつうじた教会の恐ろしい現実を除くなら、)これらにおいては、ほかの服従が、すなわち、神性との媒介としての教会への依拠によって制限された敢行が、働いているということについて、「私たちを」欺くことができない。この敢行にさいして、何がより強いのか、――教会信仰のちからか神信仰のちからか――、私たちは知らない。

もしかすると、カール・バルトは、「99%」に関して正しい。私は、そのことを知らない。「しかし、」私は、カール・バルトが正しくないことを望む。(「彼が正しいとしたら」そのとき、彼によれば、どんな社会において、私たちはそのような牧師といることになるであろうか!) しかし、別様に、「1%」についてさえ、人は疑いうるであろう。十字架ノ神学は、少なくとも時としては、救済を賛美（フェアヘアリフンク）する様

式で、すなわち、他方の栄光ノ神学のように恩寵に満足する音調で、告知されるように見えた
十字架ノ神学についてや、それの弁明のために、私は何も言わない。十字架ノ神学によっては、神性を前にしながら神性ではない世界と精神の輝かしさ（ヘアリヒカイト）へのまなざしは、神性へと翔けさせるこのまなざしは、破壊されえない。しかし、隠された神は、その現実によって、あらゆる対立を、――栄光ノ神学と十字架ノ神学の対立も――、超えている。全く知られていないものへの信頼と従属（「主は与え、主は奪う、主の名はほめたたえられますように」▼93）と感謝は、別物である。これが、哲学的信仰との境界である。[PGO 228-230]

◆22 Zwischen den Zeiten, Jg. 7 (1929) S. 439-440. [Karl Barth: „Die Lehre von den Sakramenten“ In: Zwischen den Zeiten, Jg. 7, Chr. Kaiser, 1929, S. 439-440; vgl. „Die Lehre von den Sakramenten“ In: Gesamtausgabe, Bd. 24, herausgegeben von Hermann Schmidt, Theologischer Verlag Zürich, 1994, S. 413-414.（カール・バルト「礼典論」蓮見和男訳、『カール・バルト著作集』第1巻所収、新教出版社、１９６８年、３４４-３４５頁。）]

◆23 イエスについては、私の『大哲学者たち』（第1巻、１８６-２１４頁）における叙述参照。[Karl Jaspers: „Jesus“ In: Die großen Philosophen, Bd. 1, Piper, 1957, S. 186-214.（カール・ヤスパース「イエス」、『イエスとアウグスチヌス』（ヤスパース選集１２）所収、林田新二訳、理想社、１９６５年、７-７１頁。）]

84

5．神学者の争い

民族の本能、独自の伝承と生活形式、世界内の教会の勢力争いと同じく教会内の勢力争い、これらのすべては、信仰の内容を政治的にする。しかし、出来事の進行にとってのこれらの因果的な要素の長所にもかかわらず、私たちは、それらを本質的なものと見なしえない。というのは、教会がそもそも

も現に存在するということは、信仰の現実にもとづいてだけ把握されうるからである。また、教義、儀式、信仰告白をめぐるかくも激しい争いがなされるということは、本質的に、暗号において理解され合意され［るか］阻止される［かする］様々な勢力の相違と対立にもとづいて［だけ］、把握されうる。

これらの暗号における争いは、隠されつつ、つねに現に存在する。その争いは、その争いの意義が意識されることや、刺激する主張の由来が意識されることを、しばしば欠いている。そのとき、信仰にとっての危険についての知識は、暗号についてのそのつど特定の思考の実際の帰結によっては、現れない。

神学者の、真の信仰認識をめぐる争いは、――ここでは、進歩的な洞察において、科学的な研究と類比的に、根底（グルント）に存在する唯一の事実が（「［イエス・キリストという］始めに据えられている土台（グルント）のほかに、だれもほかの土台を据えることはできない」▼94）、信仰の理解において、よりよく認識されるかのように――、意図されており、そのように見えうる。しかしながら、問題であるのは、進歩ではなく、信仰認識の絶え間のない争いだけである。これらの争いにおいては、外側からは見渡されえない様々な信仰の勢力が対立している。これらの勢力は、自己自身にとって、この信仰の理解において、（それがたんなる知的な口論ではないならば、）より明瞭になる。これらの勢力は、自らの象徴と信仰告白を旗のように立てる。［PGO 206］

状況次第では、これらの勢力は、共存して現に存在することに耐えようとしないならば、生死をかけた最悪な争いに陥る。あるいは、これらの勢力は、根底においてそれらの共通なものを探求し、前

景において友好的に互いに境界を定め、信仰それ自体において互いに一致していることを知る。これらの両極端のあいだに、多くの可能性が存する。

6．暗号における呼び出しと説教

超越者の哲学的な呼び出しと説教は、同一のものに関係づけられている。相違は、以下である。前者の呼び出しは、自由な批判的運動であり、後者の説教は、啓示の限定的宣教である。前者において、全権は、自己自身でありうるそれぞれの個々の人間の固有の責任によってだけ存在し、後者において、全権は、設立された教会と委託された聖職によって［だけ］存在する。

哲学的信仰者は、説教することができない。というのは、哲学的信仰者は、告知する▼95にちがいないが、告知するべきものをもたないからである。それゆえ、教会における説教は、哲学的信仰者には、正しくも禁じられている。任職者は、教会における説教のために聖職にあり、説教の教会的な全権が与えられている。

教会における宣教が、啓示の事実や教義、信仰告白の宣教の性格を捨て去るか、［これらの］意味を変化させるときはじめて、（こんにち、あらゆる教会においてそれは夢想的に思える、）また、暗号の言葉における超越者の呼び出しによって人間の実存の真剣さを深みから弱めず高めるときはじめて、超越者の哲学的な呼び出しと全権を持ち出す説教は、もはやばらばらにはならないであろう。神学と哲学の対立は、もはや存続しないであろう。

教会が内側からこの変革を創り出すであろうかどうかの予見は、可能ではない。そのことによってだけ、それらの教会は、現代の人間の集団の真の隠されたちからと一つになるであろうし、それらの教会は、——事実の言葉の厳しさや愛のちから、理性の導きによってはじめて——、世界を運動させうる実践的な真剣さを呼び覚ますであろう。しかし、その真剣さは、教会の外側で個人の人格的な自由においてだけ獲得されるならば、こんにちなおも個人に対するちからがあるにもかかわらず、万人の巨大な共同における広範な効力がないと宣告される。世界における個人の現象は、何ものでもないかのように消えてなくなる。［PGO 528-529］

哲学的信仰についてこんにち公共的で共同的になるものがあまりにも少ないので、哲学的信仰の無力は、侮蔑の対象である。しかし、私たちが啓示信者に見いだすものについて、私たちは、思い違いするかもしれない。それ自体、逸脱であり、本質的なものでないような類型が、しばしばとらえられるかもしれない。個人へと適用されると、解釈は、もしかすると、しばしば不当であるか盲目である。

物事の進行は、こんにち、教会とその教義学による信仰のちからの形成によっても、規定される。教会とその教義学が、こんにち見られうるように、失敗するならば、世界は、科学迷信のとりこになり、それとともに不信仰と不自由のとりこになる。それゆえ、哲学が自らがなしうるものを果たそうと思うのは、哲学の理性が、教会の信仰の思考（グラウベンスデンケン）に入り込むためであり、教会の信仰の思考（グラウベンスデンケン）それ自体が、万人にとって信じるに値するようになり、——知的な人間の集団が、それにおける各々の個人が、内的な同意を自らの人間的な本質から見いだし、生の営みと様々な決意への動因を獲得する——場所になるためである。

なぜ、哲学的な呼び出しと神学的な宣教のゆえに、私たちの不穏が生じるのか。なぜならば、暗号が、――私たちに語りかけることもありうるが――、押し黙りつづけて、私たちが、自らの内外の空虚を前にし無力にも驚愕することがありうるからであり、あるいは、特定の暗号が、優勢になり、一切のほかの暗号を暗くし、自らの浮動を失い、暗号から強制へと変わるからであり、何よりもしかし、様々な暗号の争いにおいてはじめて、実存が超越者に関係づけられている根底の深みが、示されるからである。［PGO 529］

第g節　啓示信仰の尊重、――しかし、様々な条件のもとで

神に対しては、私たちに言われるように、条件はなく、服従だけがある。確かに、神自体は、世界に現に存在するならば、必然的に、特別な現象として［世界に］現に存在するであろう。しかし、そうであるから、教会として種々の法廷だけが現に存在し、これらの教会が様々な形姿の啓示信仰を要求する。それらがおのれを、聖だと、神により全権を与えられたと、それどころか神の代理だと、詐称するならば、世界のほかの教会やほかの宗教がそのたびごとに反抗するのみならず、本性的に哲学的な人間としての人間も反抗する。

1．固有の真理の歴史的な制約の意識にもとづく、啓示信仰に対する尊重

哲学する人間は、次のように考えなければならないように思われる。すなわち、私は、私が真理そ

れ自体において生きるかどうかを知らない、と。真理が私にとって私の歴史性において無制約的であるとしても、やはり、私は、それが、私が私に贈り与えられることによって、私にともに贈り与えられる真理である、ということを知っている。それゆえ、私は、他者において彼らの信仰によれば真理であるものを尊重する。私は尊重する［が］、私は同意しない。しかし、尊重するとは、それによって衝撃を与えられていることを意味する。完全に別様に信じる者が、信仰告白によってのみならず（これは、安易であるか、殉教によってさえ彼らにとっては何も証明しないかの、いずれかである）、彼らの行為、生活、どのような人間であるかによっても、自らの信仰を現実に証言するとき、自らの真理がよりよい真理であるとのありうる確信への発端が生じうる。私が何であり、何でありうるかが、私に実存的に現実的になる、かの包括的な理性によって、私がそのことを洞察するならば、「転換」は可能であろう。転換が、しかし、根本的に排除されていないとしても、やはり、私の意識の地平においては全くありそうもないのは、啓蒙された否定の結果ではなく、あるほかの確信による私の実存の実現の結果である。この確信は、科学や啓示に由来せず、むしろ、本来的な哲学において数千年をつうじて自らにとって明らかになるものである。

2．信仰がほかの信仰とともに現に存在することを意識することにおける尊重

私たちが特定の暗号を有する生を信仰と名づけるならば、一つの信仰があるだけではない。しかし、一つの信仰は、この理解を十分に表明しうることなく、おのれだけを理解する。外側からは、多少は成功する接近だけが、意味と意味連関の理解によって、可能であるが、理解においては、実存的なち

からそれ自体は獲得されえない。しかし、外側からは、いかなる信仰も、世界におけるその現象と人間の態度におけるその現実の帰結において、見られうる。

私たちは、信仰の多様性のなかにあるが、しかし、疎遠に並び立つ、言葉を欠いている存在としてではなく、相互に関り合う、交わりうる存在としてである。この交わりは、悟性、理性、愛によってなされる。交わりは、意図された意味をもつ客観的なものにおいて運動するが、しかし、これらの客観的なものは、それらに固有な主観性によってだけ現実的である。交わりが語り合うことにおいてなされるのは、そのような語り［合い］が、慣習的な関係の前景ではなく、全体的な存在の投入である程度に応じてであり、（人間がいわば、流通している大量の銅貨によってでなく、金貨によって支払う程度に応じてであり、）すなわち、様々な目的・用途・表層の部分にとどまるのみならず、これらが導きのもとに立ち、――「私たち」や、それどころか、「私たち皆」において、役割の仮面を被るのみならず、また、固定された思考の図式をもつのみならず――、人間が自ら自身として現実に現に存在もする程度に応じてである。

3．有体性への自然的な願望のゆえの尊重

以下は奇妙な経験である。すなわち、哲学的な人間は、自らには啓示の妥当性を拒絶する一方で、（というのは、哲学的な人間は、啓示の内実を浮動する暗号において自分のものにするだけであるので、啓示をそれ自体としては聞き取らないからである。）神学者との議論においてこの神学者が啓示を実際に放棄するのを見るやいなや、自らの驚きに対して不満をもつことがありうる。哲学的な人間は、やはり自らには承認しないものが現に存在するということを欲するのか。そのことは、哲学的な人間に平穏をもたらさないような矛盾である。なぜその矛盾が出現するのかは、把握されうるのか。

ある古い答えがある。すなわち、多数の人間は有体的な事実の威力に結びつけられているので、彼らに信仰の内実が働きかけるのは、そのような有体性を信仰の内実が受け入れるときだけである。この場合、［信仰の内実の］由来は、神の啓示である。それゆえ、生身の人間をいわば安心させるためには、啓示信仰と、この啓示信仰から自らの権威を受ける教会は、必要である。びくびく（アングストフォル）と自立していない人間に平穏（ルーエ）をえさせるためには、その道は不可避的であるように思われる。そのとき、啓示信仰の承認は、心理学的、社会学的に必要であると見なされ、有用であると思われる。啓示信仰は、「民衆の形而上学」[96]である。

この解釈は、表面的である。というのは、この錯覚が、信仰において一致している共同[97]の共生の救済のためには、成功するとしても、やはり、そのことは、——真なるものが、転倒させられ、かくして、真理も非真理も根本的に把握しない人間による受容に適したものになるということによってだけ——、可能でありうるからである。錯覚（トイシュンゲン）と自己欺瞞（ゼルプストトイシュンゲン）を教会の信仰の生に見ると思う者は、正直でありつづけるならば、やはり、それらに隠されているが、ただし様々に変質させられ、失われもした実体を、感じざるをえない。この実体がなければ、偉大な史実的現象全体は、全然把握されえないであろう。教会の信仰の生の装いでだけ振る舞う、一部はもしかすると非難されうる人間について、忘れられえないのは、印象的で根拠づけられ信頼されうる最高位のどんな人物たちがこの教会の信仰の世界で出現したかである。

ゆえに、特殊な啓示信仰をもたず理解しえない者（、［しかし、］それを代表している偉大な人間たちのすくなからぬ伝承にもとづくことが許される者）にとっては、よりよい答えは次である（この答えの前提のもとでは、上の表面的な答えは、限定的な意味をもつ）。すなわち、有体性による啓示信仰において、その者が自らにとっての承認なしに他者にとっての可能な真正な真理として尊重するべきである何かが、出来するかもしれない、ということである。

そのとき、しかし、その者は、どのように啓示信仰が自らを実際に示し、どのようにそのように信じる者たちが自らを実際に示すのかに、最大の関心をもつ。それゆえ、その者がそのように信じる者たちと争うのは、その者が彼らを否定するためではなく、不純や錯覚、不実が消え、本来的な啓示信仰それ自体が、——できるだけ確信させながら——、自ら語るためだけである。啓示信者が何と答え、どこで答えず、どこで怒るか、そのさいに人としてどのように現れ、何をし、どのように生きるか、——これらは、啓示信仰それ自体の原理より、重要である。哲学する人間は、啓示信仰から世界において聞かれうるものは何であれ、［やはり、］それを聞きたいと思う。哲学する人間は、啓示それ自体を見ることができないとしても、やはり、啓示を信者におけるその帰結において見たいと思う。哲学する人間は、啓示を理解しないとしても、やはり、啓示への信仰から世界において生じるものを人間への愛をもって探ろうと思う。哲学する人間は、ある啓示の事実から、自らには、形象を造り出すことさえできない。しかし、哲学する人間が、可能性を尊重しながら、「天と地のあいだには君たちの机上の知識が夢想だにしないことがある」[98]と考え、いわば、この可能性の潜在的な点を見ているとき、以下のことがこの点には願望のように存在する。すなわち、君たちがそれであるところのものや、語るもの、為すものによって、この可能性を救え、あるいは、君たちを全く、哲学的な理性の真剣さに変化させろ。

かくして、啓示信仰に対する態度においては、――確かに、自らにはそれに反対するが、やはり、他者に目を向けながら世界におけるそれに賛成するという――矛盾が、把握されうる。この態度は、必然的に矛盾したままである。

啓示信仰と哲学の二者択一は、私がそれではないところのものを私が拒絶しなければならないという形式においてや、私が自らの理解においてはもたないものを私が実存的ではないものとして主張したという形式においては、保持されえない。しかし、人間として、私は、人間を理解したい。それゆえ、哲学的信仰は、啓示信仰との争いにおいてはなおも、哲学的に争う者が、自らの敵を、ただ、彼自身の純粋さにせきたて、それとともに、両者にとっての明瞭さにもたらしたい、という性格をもち、また、かくして、哲学的に争う者が、つねになおもいわば何かを待つ、という性格をもつ。というのは、啓示信仰の事実は、衝撃を与えることを止めないからである。それに対して、様々な人間的な物事を唯一の道に強制しようとし、この道だけを真と見なそうとすることは、なんという浅薄さであろうか！

4．「聖性」に対する尊重

以前からどこでも、様々な宗教にとって、聖なるものは、空間的、時間的、対象的、行動的に境界づけられたもの、そのほかの事実から抜き出されたものである。この聖なるものの経験は、すでに子どもにおける意識の目覚めの初期に働く。のちに、究極的な哲学的な限界意識において、形象、有体性、対象性、思考的な規定性においては把握されえない超越者として、つまり本来的な現実として、回帰するものは、聖なるものの経験においては、現に有体的に心を打ちつつ、直観されうる。

子どものころの経験の想起、中世の初期の敬虔な芸術の輝き、底が知れぬ深みを示すその抽象性の輝き、神性の現前においてなされる省察としての祭儀の遂行、――これらは、哲学によっては創り出されず受け取られうる様々な現実である。

しかし、哲学にとっては、宗教と芸術は、道具（オルガノン）になる。その助けを借りて、哲学は、あらゆる世界存在においてと同様に、自らの道において、超越者の暗号の言葉を聞く。哲学することの限界においては、神性は、根底として経験されるが、この根底は、存在でも非存在でもなく、本来的な現実である。そこでは、結局のところ、特殊な聖性はもはや必要なく、[特殊な]方法（メトーデ）は[もはや]必要ない。

5．世界を否定する啓示信仰の徹底性に対する尊重

キリスト教の誤った宣教のゆえに、99%の牧師を、あるいは、キルケゴールのように、一切の牧師を、とがめるような神学者が、帰結を引き出すとき、その神学者にとっては、教会をもたない啓示が重みをもつか、あるいは、その神学者が、――啓示を自らには否定し、いずれにしても啓示を確信していない――哲学者になるかの、いずれかである。しかし、教会をもたない啓示は、実際は、もはや重みをもたないか、あるいは、新たな教会の始まりになるかの、いずれかである。キルケゴールは、教会を否定したとき、改革者としてではなく、根源から使徒として、新たな真の教会を設立し、自ら直接的に啓示によって全権を保持しなければならなかったか（、キルケゴールは、しかし、自らには

そのような全権が与えられてはいないことを、そうではあるがしかし、正直である全権といかなる危険をおかしても正直であることの要求を表明する全権が与えられていることを、知っていた。）あるいは、教会的な啓示信仰や根源的な啓示から見られると、空無に、しかし実際は、哲学に、踏み入らなければならなかったかの、いずれかである。

6．哲学において聖書的信仰を我が物にすること

哲学的な神経験は、聖書的信仰の様々な内実を自分のものにするとき、啓示されているという形式を放棄しなければならない。

以下のことが区別されなければならない。啓示は条件を知らない。神自体が語るとき、神を条件のもとに置くことができるような法廷は存在しない。服従だけがのこりつづける。それに対して、啓示信仰は人間のあいだの事実である。啓示信仰は条件のもとにある。

ハインリヒ・バルトの以下の諸命題に同意することは、哲学的信仰において、可能であるのみならず、――私には思われるのだが――、必要でもある。「科学のいかなる命令やなんらかの真理の義務のいかなる命令が、批判的な思想家に、――認識と私たちの実存の「照明」の可能性をあらゆる種類の哲学、文学、知恵の教説に制限し、「啓示」として自らのグノーシス的卓越を経験した比類ない可能性を排除する、という意味において――、真理の推測に限界を設定することを、要求するのか。いかなる理性（フェアヌンフト）や認識のいかなる厳格さが、哲学者に、――哲学の歴史の、世界文学の、神秘主義の、極東の宗教の文書からのみならず、聖書の伝承からも――、自らの教えを生み出すことを、禁止するのか。

哲学者が、聖書の伝承に目を向け、それにおいて実存の中心的な問題が比類のない迫力をもって言葉になるということを、認めるのだから、なおさらである。自由で開かれた精神の事柄であるのは、ロゴスの様々な可能性に恣意的な限界を設定せず、それゆえ、「言葉」を聴き取る（フェアネーメン）ことに対して、どのような秩序やどのような由来をそれがもつとしても、自らを開かれたままにすることである」◆24。

ただし、以下のことが付け加えられなければならない。すなわち、自らを開かれたままにすることは、それだけでは、服従するという意味で聞く（ヘーレン）ことではない。そのことは、自らの存在の全体をもって傾聴する（ツーヘーレン）という意味で聞くことである。しかし、神自体を啓示において聞くと考える聞き方は、なされない（アオスブライベン）ことがありうる。このなされない（アオスブライベン）ことが自らに満足しないということは、開かれた哲学の自らへの主張である。それに対して、人が、真に開かれていながら、啓示信仰の意味で聞かなければならないということは、承認されえない前提である。

逆に、拒絶されなければならないのは、――哲学的信仰という性格をもつ哲学は、世俗化された神学であり、仮装化された神学である、と抽象的に、普遍妥当的だと勘違いされた仕方で考える――、誤った啓蒙のおなじみの命題である。否、哲学的信仰という性格をもつ哲学は、聖書より古く、一切の聖書的な神学より古い。哲学的信仰という性格をもつ哲学は、自らの固有の根源をもち、――この根源にもとづいて聖書の様々な動機は理解されうるようになるが――、聖書にだけ根拠づけられるわけではない。[PGO 498-500]

◆24 Heinrich Barth, Theologische Zeitschrift Bd. 9 (1953) S. 114. [Heinrich Barth: „Grundzüge einer Philosophie der Existenz in ihrer Beziehung zur Glaubenswahrheit“ In: Theologische Zeitschrift, Jg. 9, Friedrich Reinhardt, 1953, S. 114; vgl. „Grundzüge einer Philosophie der Existenz in ihrer Beziehung zur Glaubenswahrheit“ In: Existenzphilosophie und neutestamentliche Hermeneutik, herausgegeben von Günther Kauff, Schwabe, 1967, S. 122.（ハインリヒ・バルト「信仰の真理に関係する実存の哲学の根本性格」（未訳））］

91

7．啓示信仰に対する尊重は、啓示信仰を様々な条件のもとに置く

啓示信仰は、人間のあいだで人間の共同[99]において出現するので、そのような共同の様々な条件のもとに置かれる。これらの条件が違反されるところでは、哲学的な人間の尊重が終わり、別の争いが始まる。

これらの条件は、新約聖書のすくなからぬ言葉において明確に拒絶される。「だれでも、私のもとに来ていながら、父、母、妻、子、兄妹、姉妹、さらに自らの命さえも憎まない者があれば、その人は私の弟子ではありえない」（ルカ１４：２６）。キルケゴールは解釈する。すなわち、啓示信者は、本質的に、キリスト教徒だけに共感する。というのは、自らの至福を人となった神への自らの関係にもとづける者は、「当然、この関係を、同時に、ばかげたことと見なすことはできないからである」。神が人となることへの信仰なしには至福が存在しないと信じる者にとっては、その者が父と母を憎まなければならないことになるということがありうる。「というのは、父と母がそのことを受け入れないということを知っている条件に自らの至福を結びつけるとき、そのことは、父と母に対する憎しみと同じではないのか。その者は、父と母のためにあらゆることをとことんなそうとすることができ、

忠実な息子のあらゆる義務を非常に熱心に果たすことができるが、キリスト教は、そのように憎むことを命じない。しかしやはり、この条件が彼らを引き裂き、永遠に彼らを引き裂くならば、そのことは、あたかもその者が父と母を憎んでいるかのようであるのではないのか」◆25。

それに対して、哲学的信仰が啓示信仰をそれのもとに置かなければならないところの条件は、第一に、精神的な交わりの要求であり、第二に、一切の人間を包括する現存在の諸秩序への破壊しない関与の要求である。

第一に、隣人への人間としての人間の根本要求は、以下である。すなわち、語れ、――君が考えるものを述べよ、――それを私に親しませよ、――私がそれについてやそれに反して述べるものに答えよ。しかし、君が語るとき、君はそのことによって共通の地盤のうえに足を踏み入れる。この地盤が、言語の、交わりの、思考の、哲学的論理学の地盤と呼ばれようと、この地盤によっては、真理の発見に、――真理が直接的になる、あるいは、真理が存在しない、という限界のほかには――、限界は設定されない。

啓示として受け取られうるほかない全く別の秩序をもつ言葉があるという主張は、――言葉が、やはり、人間の言語における言葉であり、何事かを意味し、ゆえに、理解されうるものでなければならないかぎりは――、承認されえない。

真理であること（ヴァールザイン）のいかなる様態にとっても、限界が存在する。しかし、交わりがなされうること（コムニカビリテート）による真理であることとの限界は、――言語は理解されうるものにすることだという――、同語反復的な命題を意味する。この交わりがなされうることへと踏み入らないものは、真理と非真理の問いの彼岸にある。それは、言語を欠くままであり、それゆえ押し黙るままであり、あたかも存在しないかのようである。

以上の一切を、啓示信仰は、たどるように思われる。啓示信仰は、宣教する。つまり、啓示信仰は、やはり、語るのである。しかし、そのことは、十分ではない。精神的に私が哲学的な思考において宣教を承認するのは、宣教が自らに関する様々な問いに答えるときだけである。宣教が不当であるのは、答えず、それどころか、議論を禁止し、沈黙し、無視することによってである。精神的な承認の条件は、問いと答えの限界のなさである。

第二に、実践に対する要求は、以下である。すなわち、いかなる人間も、根本的に、人間の共同と現存在の必要事が要求する様々な条件を履行しなければならない。

そのことが破壊されるところでは、また、啓示信仰がそのような破壊へと、――むしろ万人の現存在を自らの条件のもとに置こうとすることによって――、突き進むところでは、そのような不寛容に対する寛容は存在しない。

さしあたりは、人間的なものが優位をもつ。父と母を憎むというかの要求に対し、哲学的には、永遠に、かの異教のフリースの酋長が、正しいと認められる。この酋長は、洗礼を前にして、どこに自分の先祖がいるかという問いを立て、地獄にという答えに応じ、私は自分の父祖がいるところにいたいと洗礼を拒否した▼100。

啓示信仰は、世界においてある。世界において、啓示信仰は、教会と神学をつうじ、様々な主張を掲げる。啓示信仰は、根本において、それがあろうとするように真剣であるかもしれないが、世界において、反人間的な様々な帰結をもつやいなや、啓示信仰に対する尊重は、無効であり、様々な条件のもとに置かれる。私たちは、それが世界においてどのように働くのかを観察しなければならない。そのためには、たとえば、教会史の一般的でそれだけでも非常に困難な考察は、十分ではない。教会史においては、「キリスト教は、世界においてあるほかの物事と同様に、世界に無条件的にさらされているように思われる。歴史的な生（レーベン）の領域上にあるキリスト教も、様々な物事が服している腐敗や逸脱のいずれかを免れていないかぎり、教会史は、教会に対する特別な保護の考えをもたない」◆26。逆に、個別的に、啓示信仰の根本的で事実的な様々な帰結が、吟味され、——それらが人間の共同と世界における現存在の秩序にとって意味するものの観点から——、評価されなければならない。

示されるのは、啓示信仰が尊重される条件が最近は政治的であるということである。世界において出現し、この世界における権力を主張するものは、そのことによって、世界の様々な条件に服している。ここから、確かに教会に所属するが、やはり教会に批判的に対立してもいる思考者の希望と期待と懸念も、生じる。

◆25 Abschließende Unwissenschaftliche Nachschrift II, S. 265. (1. Aufl., Diederichs 1910)［Søren Kierkegaard: Abschließende unwissenschaftliche Nachschrift zu den philosophischen Brocken II (Gesammelte Werke, Bd. 7), übersetzt von Hermann Gottsched, Eugen Diederichs, 1910, S. 265; vgl. Abschließende unwissenschaftliche Nachschrift zu den Philosophischen Brocken II (Gesammelte Werke, Abt. 16 / 2), übersetzt von Hans Martin Junghaus, Eugen Diederichs, 1958, S. 299-300.（セーレン・キルケゴール『哲学的断片への結びとしての非学問的あとがき』下巻（『キルケゴール著作集』第９巻）、杉山好ほか訳、白水社、１９７０年、３４０‐３４１頁。）］

◆26 Overbeck, Christentum und Kultur, Basel 1919, S. 266.［Franz Overbeck: Christentum und Kultur, herausgegeben von Carl Albrecht Bernoulli, Schwabe, 1919, S. 266; vgl. Christentum und Kultur (Werke und Nachlaß, Bd. 6 / 1), herausgegeben von Barbara von Reibnitz, J. B. Metzler, 1996, S. 305.（フランツ・オーヴァーベック『キリスト教と文化』（未訳））］

＊

テーマとして、ここで提示した三章のほかに、さらに三章が予定されていた。――［第一に、］キリスト教に対する、近代の偉大な思想家の立場の諸例（デカルト、レッシング、キルケゴール）、――［第二に、］史実上の宗教批判を我が物にすることと拒絶すること、――［第三に、］政治における哲学的信仰と啓示信仰。私は、これらをさらに仕上げて、ほかの場所で公表しようと望んでいる▼101。

訳註

▼１　以下、Realität、Wirklichkeit、Tatsacheを、それぞれ、「事実」、「現実」、「事態」と訳す。

▼２　PGO 104に従い、「確かに、」を挿入。

▼３　ヨハ１８：３６。

▼４　Tertullianus: De carne Christi 5. 4.（テルトゥリアヌス『キリストの肉について』（未訳））

▼５　Søren Kierkegaard: Furcht und Zittern (Gesammelte Werke, Abt. 4), übersetzt von Emanuel Hirsch, Eugen Diederichs, 1950, S. 59-60.（セーレン・キルケゴール「おそれとおののき」桝田啓三郎訳、『キルケゴール著作集』第５巻所収、白水社、１９６２年、９３頁。）

▼６　Hans von Schubert: Grundzüge der Kirchengeschichte, J. C. B. Mohr, [5]1914, S. 172.（ハンス・フォン・シューベルト『教会史綱要』井上良雄訳、新教出版社、１９６３年、１６６頁。）

▼７　Max Weber: „Der Sozialismus“ In: Ders.: Gesamtausgabe, Bd. 1/15, herausgegeben von Wolfgang J. Mommsen, J. C. B. Mohr, 1984, S. 630.（マックス・ウェーバー『社会主義』浜島朗訳、講談社学術文庫、１９８０年、８２頁。）

▼８　レビ１９：１８、マタ５：４３-４５、２２：３９、ルカ１０：２７、ロマ１３：９-１０、ガラ５：１４。

▼９　Conrad Ferdinand Meyer: „In Harmesnächten“ In: Ders.: Sämtliche Werke, Bd. 1, besorgt von Hans Zeller / Alfred Zäch, Benteil, 1963, S. 76.（マイヤァ「悲愁の夜に」、『マイヤァ抒情詩集』所収、高安國世訳、岩波文庫、１９５１年、２７頁。）

▼10　Martin Luther: „Auslegung des 101. Psalms“ In: Ders.: D. Martin Luthers Werke, Bd. 51, Hermann Böhlaus Nachfolger, 1914, S. 212.（マルティン・ルター「詩篇１０１講解」（未訳））

▼11　Augustin: Confessiones VIII 1.（アウグスティヌス『告白録』上巻（『アウグスティヌス著作集』第５巻１）、宮谷宣史訳、教文館、１９９３年、３７５-３８０頁。）

▼12 „nach Christ"（「キリスト後の」）。

▼13 Karl Jaspers: „35. Karl Barth an Karl Jaspers" In: Karl Jaspers. Korrespondenzen. Philosophie, Wallstein, 2016, S. 70.（カール・バルト「カール・ヤスパースへの手紙：1949年9月16日」（未訳））

▼14 Søren Kierkegaard: Der Augenblick (Gesammelte Werke, Abt. 34), übersetzt von Hayo Gerdes, Eugen Diederichs, 1959, S. 52.（セーレン・キルケゴール「瞬間」松浪信三郎ほか訳、『キルケゴール著作集』第19巻所収、白水社、1964年、251頁。）

▼15 Aristoteles: Metaphysica 983b 29.（アリストテレス『形而上学』（『アリストテレス全集』第12巻）、出隆訳、岩波書店、1968年、14頁。）

▼16 Aristoteles: Metaphysica 1026a 19.（アリストテレス『形而上学』（『アリストテレス全集』第12巻）、出隆訳、岩波書店、1968年、195頁。）

▼17 Eusebius: „De ecclesiastica theologia" In: Die griechischen christlichen Schriftsteller der ersten drei Jahrhunderte, Bd. 14, herausgegeben von der Kirchenväter-Commission der Königlich Preußischen Akademie der Wissenschaften, J. C. Hinrichs'sche Buchhandlung, 1906, S. 59-182.（エウセビオス「教会の神学」（未訳））

▼18 Augustin: Tractatus in Joannis evangelium 49, 9（アウグスティヌス「ヨハネによる福音書講解説教（1）」、『アウグスティヌス著作集』第24巻所収、金子晴勇ほか訳、教文館、1993年、217-218頁）; Sermones 43, 9（「説教43」（未訳））; Anselm: Proslogion I.（アンセルムス「プロスロギオン」古田暁訳、『中世思想原典集成』第7巻所収、平凡社、1996年、189頁。）

▼19 Peter Abaelard: „Introductio ad theologiam" In: Patrologiae cursus completus. Series Latina, Bd. 178, herausgegeben von Jacques Paul Migne, Migne, 1855, S. 979（ピエール・アベラール「神学入門」（未訳））; „Theologia »Scholarium«" In: Corpus Christianorum. Continuatio Mediaevalis, Bd. 13, herausgegeben von Eloi Marie Buytaert / Constant Jan Mews, Brepols, 1987, S. 313.（「〈スコラリウム〉神学」（未訳））

▼20 Hugo von Saint-Victor: „Commentaria in Hierarchiam coelestem S. Dionysii Areopagitae" In: Patrologiae cursus completus. Series Latina, Bd. 175, herausgegeben von Jacques Paul Migne, Migne, 1854, S. 923-928（サン・ビクトールのフーゴー「天上位階論註解」（未訳））；„Super Ierarchiam Dionisii“ In: Corpus Christianorum. Continuatio Mediaevalis, Bd. 178, herausgegeben von Patricius Sicard / Dominique Poirei, Brepols, 2015, S. 399-405.（「位階論について」（未訳））

▼21　Bonaventura: Breviloquium I 1.（聖ボナヴェンツウラ『神学綱要』関根豊明訳、エンデルレ書店、１９９１年、２７‐２８頁。）

▼22　Berengar von Tours: „Rescriptum contra Lanfrannum“ In: Corpus Christianorum. Continuatio Mediaevalis, Bd. 84, herausgegeben von Robert Burchard Constantijn Huygens, Brepols, 1988.（トゥールのベレンガリウス「ランフランクス駁論」（未訳））

▼23　Thomas von Aquin: Summa theologiae I, q. 1, a. 7.（トマス・アクィナス『神学大全』第１巻、高田三郎訳、創文社、１９６０年、１９‐２２頁。）

▼24　Martin Luther: „Luther an Melanchthon. 1. August 1521“ In: Ders.: D. Martin Luthers Werke. Briefwechsel, Bd. 3, Hermann Böhlaus Nachfolger, 1931, S. 372.（マルチン・ルター「メランヒトンへの手紙：１５２１年８月１日」、徳善義和編訳『マルチン・ルター』所収、リトン、２００４年、１２６頁。）

▼25　Etienne Gilson / Philotheus Böhner: Christliche Philosophie, Ferdinand Schöningh, ^{2}1954, S. 1.（エティエンヌ・ジルソン／フィロテウス・ベーナー『キリスト教哲学』（未訳）。以下は抄訳。エティエンヌ・ジルソン／フィロテウス・ベーナー『アウグスティヌスとトマス・アクィナス』服部英次郎ほか訳、みすず書房、１９８１年。）

▼26　Horatius: Episulae I 2, 40.（ホラティウス「書簡詩」、『ホラティウス全集』所収、鈴木一郎訳、玉川大学出版部、２００１年、５５５頁。）

▼27　「そのつど個々の人間は、自らにおいて自らに拒絶するものを、他者のなかに他者の信仰としてやはり承認する」（PGO 101）。

▼28　Thomas Hobbes: De cive 18, 4（トマス・ホッブズ『市民論』本田裕志訳、京都大学学術出版会、２００８年、４２３頁）；Leviathan 32.（『リヴァイアサン』第３巻、水田洋訳、岩波文庫、１９８２年、２６頁。）

▼29 Jakob von Uexküll: Bausteine zu einer biologischen Weltanschauung, herausgegeben von Felix Gross, Bruckmann, 1913.（ヤーコプ・フォン・ユクスキュル『生物学的世界観の基礎』（未訳））Vgl. Karl Jaspers: Psychologie der Weltanschauungen, Springer, ^{6}1971, S. 154-155.（カール・ヤスパース『世界観の心理学』重田英世訳、１９９７年、２０６-２０７頁。）

▼30 Søren Kierkegaard: Die Krankheit zum Tode (Gesammelte Werke, Abt. 24/25), übersetzt von Emanuel Hirsch, Eugen Diederichs, 1954, S. 8-10.（セーレン・キルケゴール「死に至る病」松浪信三郎訳、『キルケゴール著作集』第１１巻所収、白水社、１９６２年、２０-２２頁。）

▼31 Vgl. Jean-Paul Sartre: L'existentialisme est un humanisme, Nagel, 1946, p. 22.（ジャン＝ポール・サルトル「実存主義はヒューマニズムである」伊吹武彦訳、『実存主義とは何か』所収、白水社、１９９６年、４１頁。）

▼32 Vgl. Aristoteles: Metaphysica 1035b33-1036a13（アリストテレス『形而上学』（『アリストテレス全集』第１２巻）、出隆訳、岩波書店、１９６８年、２４１-２４２頁）; Thomas von Aquin: Summa theologiae I, q. 85, a. 1（トマス・アクィナス『神学大全』第６巻、高田三郎ほか訳、創文社、１９６２年、２８７-２９４頁）; Gottfried Wilhelm Leibniz: Nouveaux essais sur l'entendement humain 3, 3, 6.（ゴットフリート・ヴィルヘルム・ライプニッツ『人間知性新論』下巻（『ライプニッツ著作集』第５巻）、谷川多佳子ほか訳、工作舎、１９９５年、３４頁。）

▼33 Thomas Hobbes: De corpore 25, 1.（トマス・ホッブズ『物体論』本田裕志訳、京都大学学術出版会、２０１５年、４３２頁。）

▼34 原文の „von dem, was es umschließt"（「神が包摂するものが包摂するものによって」）を、„von dem, was er umschließt"（「神が包摂するものによって」）に修正。Vgl. Dante Alighieri: Dantes Göttliche Komödie, übersetzt von Otto Gildemeister, Cotta, ^{7}1922, S. 532.

▼35 Karl Jaspers: Der philosophische Glaube, Artemis, 1948, S. 40.（カール・ヤスパース『哲学的信仰』林田新二監訳、理想社、１９９８年、５８頁。）

▼36 Søren Kierkegaard: Abschließende unwissenschaftliche Nachschrift zu den philosophischen Brocken I (Gesammelte Werke, Abt. 16/1), übersetzt von

Hans Martin Junghaus, Eugen Diederichs, 1957, S. 200.（セーレン・キルケゴール『哲学的断片への結びとしての非学問的あとがき』中巻（『キルケゴール著作集』第８巻）、杉山好ほか訳、白水社、１９６９年、４６頁。）

▼37 Søren Kierkegaard: Abschließende unwissenschaftliche Nachschrift zu den philosophischen Brocken I (Gesammelte Werke, Abt. 16 / 1), übersetzt von Hans Martin Junghaus, Eugen Diederichs, 1957, S. 179-243.（セーレン・キルケゴール『哲学的断片への結びとしての非学問的あとがき』中巻（『キルケゴール著作集』第８巻）、杉山好ほか訳、白水社、１９６９年、９-１２２頁。）

▼38 「精神においては、（様々な形姿の根源的な解釈と創出的な発見における）意味理解と、（様々な解釈の解釈における）理解されたものの理解の、運動という意味」（PGO 123）。

▼39 PGO 141に従い、「精神は、「形象」において絶対化され、」を挿入。

▼40 Petrus Damiani: „De divina omnipotentia in reparatione corruptae, et factis infectis reddendis“ In: Patrologiae cursus completus. Series Latina, Bd. 145, herausgegeben von Jacques Paul Migne, Migne, 1853, S. 595-622.（ペトルス・ダミアニ「神の全能について」（未訳））

▼41 Friedrich Nietzsche: „Die fröhliche Wissenschaft“ In: Ders.: Sämtliche Werke, Bd. 3, herausgegeben von Giorgio Colli / Mazzino Montinari, Walter de Gruyter, ^{2}1988, S. 552.（フリードリヒ・ニーチェ『悦ばしき知識』（『ニーチェ全集』第８巻）、信太正三訳、ちくま学芸文庫、１９９３年、３３７頁。）

▼42 原文の „eines anderen Wunderlichen“（「別様な奇異なものの」）を、„eines Anderen, Wunderlichen“（「別様なものの、奇異なものの」）に修正。Vgl. PGO 143.

▼43 Cicero: De natura deorum I 2.（キケロー「神々の本性について」、『キケロー選集』第１１巻所収、山下太郎訳、岩波書店、２０００年、７頁。）

▼44 Cicero: De natura deorum I 5.（キケロー「神々の本性について」、『キケロー選集』第１１巻所収、山下太郎訳、岩波書店、２０００年、１２頁。）

▼45 出２０：０４。

▼46 「有体性（Leibhaftigkeit）」とは、なにものかが客体にされていることを意味し、元はヤスパースの精神医学で用いら

れていた。「有体的に、（換言すれば、……客観的性格をもち、「感じられうるようにありありと」）」（Karl Jaspers: Allgemeine Psychopathologie, Springer, 1913, S. 25（カール・ヤスパース『精神病理学原論』西丸四方訳、みすず書房、１９７１年、４３頁））。それが、のちに、啓示信仰を批判するために、転用されたのである。

▼47　Friedrich Nietzsche: „Ecce homo" In: Ders.: Sämtliche Werke, Bd. 6, herausgegeben von Giorgio Colli / Mazzino Montinari, Walter de Gruyter, ^{2}1988, S. 339-400.（フリードリヒ・ニーチェ「この人を見よ」、『ニーチェ全集』第１５巻所収、川原栄峰訳、ちくま学芸文庫、１９９４年、１３５-１３６頁。）

▼48　Søren Kierkegaard: Abschließende unwissenschaftliche Nachschrift zu den philosophischen Brocken I (Gesammelte Werke, Abt. 16/1), übersetzt von Hans Martin Junghaus, Eugen Diederichs, 1957, S. 18-46.（セーレン・キルケゴール『哲学的断片への結びとしての非学問的あとがき』中巻（『キルケゴール著作集』第８巻）、杉山好ほか訳、白水社、１９６８年、４４-９３頁。）

▼49　Immanuel Kant: Kritik der praktischen Vernunft (Kant's gesammelte Schriften, Bd. 5), herausgegeben von der Königlich Preußischen Akademie der Wissenschaften, G. Reimer, 1908, S. 147-148.（イマヌエル・カント「実践理性批判」坂部恵ほか訳、『カント全集』第７巻所収、岩波書店、２０００年、３３４-３３６頁。）

▼50　Blaise Pascal: Pensées L 913.（ブレーズ・パスカル『パンセ』下巻、塩川徹也訳、岩波文庫、２０１６年、２５頁。）

▼51　イザ５５：０８-０９。

▼52　マタ２８：１９-２０。

▼53　原文は、「しかし、啓示信仰は、世界において、外側から攻撃される。啓示信仰は、それ自体、この事実化によって、衝撃を与えられており、疑いに駆られている（Aber er wird in der Welt von außen angegriffen; er ist selber wegen dieser Realisierung betroffen, von Zweifel angefochten）」。PGO 181 に従い、「しかし、啓示信仰は、世界において、外側から攻撃されるだけではない。啓示信仰は、それ自体、啓示の事実化によって、心を打たれていると同時に、疑いに駆られている（Aber er wird in der Welt nicht nur von außen angegriffen. Er ist selber von der Realisierung der Offenbarung zugleich ergriffen und vom Zweifel angefochten）」と訳す。

▼54 Søren Kierkegaard: Furcht und Zittern (Gesammelte Werke, Abt. 4), übersetzt von Emanuel Hirsch, Eugen Diederichs, 1950（セーレン・キルケゴール「おそれとおののき」桝田啓三郎訳、『キルケゴール著作集』第5巻所収、白水社、１９６２年、７‐２０２頁）; Philosophische Brocken (Gesammelte Werke, Abt. 10), übersetzt von Emanuel Hirsch, Eugen Diederichs, 1952, S. 34-51（「哲学的断片」、『キルケゴール著作集』第6巻所収、大谷愛人訳、白水社、１９６３年、８０‐１０２頁）; Abschließende unwissenschaftliche Nachschrift zu den Philosophischen Brocken II (Gesammelte Werke, Abt. 16 / 2), übersetzt von Hans Martin Junghaus, Eugen Diederichs, 1958, S. 291-295.（『哲学的断片への結びとしての非学問的あとがき』下巻（『キルケゴール著作集』第9巻）、杉山好ほか訳、白水社、１９７０年、３２９‐３３４頁。）

▼55 サクラメントとは、「目に見えない恩寵の目に見えるしるし（ツァイヒェン）である」。Augustin: De civitate Dei X 5.（アウグスティヌス『神の国』（２）（『アウグスティヌス著作集』第１２巻）、茂泉昭男ほか訳、教文館、１９８２年、３０４頁。）

▼56 ヤスパースにおいて、Zeichen は、一般に、「記号」と訳される。「私たちが、記号（ツァイヒェン）、象徴、暗号について語るとき、以下のように区別されうる。すなわち、記号は、ほかのものの定義可能な意味であり、そのようなものとして直接的に理解可能なものである。象徴は、直観的な充実におけるほかのものの現前であり、この充実において、意味することと意味されるものは不可分に一つであり、象徴されるものは象徴においてだけはじめてそれ自体現に存在する。暗号は、超越的なものの言葉であり、この超越的なものは、象徴それ自体における事柄と象徴の同一性によってではなく、言葉によってだけ、理解されうる」(PGO 157)。

▼57 Hans Freiherr von Soden: Geschichte der christlichen Kirche, Bd. 1, B. G. Teubner, 1919, S. 117.（ハンス・フライヘア・フォン・ゾーデン『キリスト教会史』第1巻（未訳））

▼58 Søren Kierkegaard: Philosophische Brocken (Gesammelte Werke, Abt. 10), übersetzt von Emanuel Hirsch, Eugen Diederichs, 1952, S. 101.（セーレン・キルケゴール「哲学的断片」、『キルケゴール著作集』第6巻所収、大谷愛人訳、白水社、１９６３年、２１２‐２１３頁。）

▼59 Franz Overbeck: Christentum und Kultur (Werke und Nachlaß, Bd. 6 / 1), herausgegeben von Barbara von Reibnitz, J. B. Metzler, 1996, S. 61.（フ

ランツ・オーヴァーベック『キリスト教と文化』（未訳））

▼60 Baruch de Spinoza: „Epistola" In: Spinoza Opera, Bd. 4, herausgegeben von Carl Gebhardt, Carl Winter, 1925, S. 309.（スピノザ『スピノザ往復書簡集』畠中尚志訳、岩波文庫、１９５８年、３２６頁。）

▼61 ヨハ２０：２４‐２９。

▼62 William David Ross: Aristotelis fragmenta selecta, E Typographeo Clarendoniano, 1955, S. 84.（アリストテレス『著作断片集2』（『アリストテレス全集』第２０巻）、國方栄二訳、岩波書店、２０１８年、１６１‐１６２頁。）

▼63 Ambrosius: De mysteriis I 2.（アンブロジウス「秘跡論」熊谷賢二訳、『秘跡』所収、創文社、１９６３年、３９頁。）

▼64 John Wyclif: Trialogus IV 1.（ジョン・ウィクリフ『三者対話』（未訳））

▼65 原文は「ここで（hier）」。PGO 178 に従い、「洗礼の解釈にさいして（bei der Deutung der Taufe）」と訳す。

▼66 原文の „dass Dinge dieser Welt, also geschaffene und vergängliche Dinge, nicht das waren und wirkten, was sie entsprechend ihrem Wesen als diese und diese Dinge wirken können"（「この世界の物事は、つまり生み出され消え行く物事は、それらが、自らの本質に応じて、これこれの物事として、おこないうるものであったのではなく、おこないうるものをおこなったのではない」）を、„dass Dinge dieser Welt, also geschaffene und vergängliche Dinge, nicht nur das waren und wirkten, was sie entsprechend ihrem Wesen als diese und diese Dinge wirken können"（「この世界の物事は、つまり生み出され消え行く物事は、それらが、自らの本質に応じて、これこれの物事として、おこないうるものであっただけではなく、おこないうるものをおこなっただけではない」）に修正。Vgl. Karl Barth: „Die Lehre von den Sakramenten" In: Ders.: Gesamtausgabe, Bd. 24, herausgegeben von Hermann Schmidt, Theologischer Verlag Zürich, 1994, S. 404.

▼67 「かの偉大な認識されること（jenes große Erkanntwerden）」については、１コリ１３：１２を参照。「私たちは、今は、鏡におぼろに映ったものを見ていますが、その時には、顔と顔とを合わせて見ることになります。私は、今は一部分しか知りませんが、その時には、私が神にはっきり知られているように、はっきり知ることになります。」（聖書協会共同訳）„Jetzt sehen wir im Spiegel nur dunkle Umrisse, dereinst aber geht es von Angesicht zu Angesicht. Jetzt ist mein Erkennen Stückwerk, dereinst werde ich erkennen so ganz, wie ich erkannt bin.“ (Textbibel (1911))

▼68　直訳は「サタンの足（Teufelsfuß）」。

▼69　超越的なものの一義的・固定的な啓示を多義的・浮動的な暗号として理解することにより、啓示信仰を変革することが、本書の中心的な主張である。１９４６年の「聖書宗教について」に加筆・書き換え・削除がなされたものが、１９４８年の『哲学的信仰』であるが、興味深いことに、「暗号」という単語は、前者では2回、後者では6回、しかも啓示信仰の変革という文脈においてではなく、用いられているにすぎない。「暗号」という概念は、本書においてはじめて、啓示信仰を批判するために、転用されたのである。

▼70　Hesiod: Theogonia 27.（ヘシオドス「神統記」中務哲郎訳、『ヘシオドス全作品』所収、京都大学学術出版会、２０１３年、９３頁。）

▼71　Augustin: Confessiones I 13.（アウグスティヌス『告白録』上巻（『アウグスティヌス著作集』第5巻1）、宮谷宣史訳、教文館、１９９３年、５９‐６３頁。）

▼72　Søren Kierkegaard: Abschließende unwissenschaftliche Nachschrift zu den Philosophischen Brocken II (Gesammelte Werke, Abt. 16 / 2), übersetzt von Hans Martin Junghaus, Eugen Diederichs, 1958, S. 93-96.（『哲学的断片への結びとしての非学問的あとがき』下巻（『キルケゴール著作集』第9巻）、杉山好ほか訳、白水社、１９７０年、１６‐１９頁。）

▼73　Friedrich Nietzsche: Also sprach Zarathustra (Sämtliche Werke, Bd. 4), herausgegeben von Giorgio Colli / Mazzino Montinari, Walter de Gruyter, ^{2}1988, S. 163-166.（フリードリヒ・ニーチェ『ツァラトゥストラ』上巻（『ニーチェ全集』第9巻）、吉沢伝三郎訳、ちくま学芸文庫、１９９３年、２３０‐２３５頁。）

▼74　金谷治訳註『論語』岩波文庫、２７１頁。

▼75　Platon: Politeia X 595A-608B.（プラトン『国家』（『プラトン全集』第１１巻）、藤沢令夫訳、岩波書店、１９７６年、６９０‐７２５頁。）

▼76　Aeschylus: Eumenides 778-1020.（アイスキュロス「エウメニデス」橋本隆夫訳、『ギリシア悲劇全集』第1巻所収、岩

波書店、１９９０年、２４９‐２６５頁。）

▶77　Homer: Ilias I 188-222.（ホメロス『イリアス』松平千秋訳、岩波文庫、１９９２年、２０‐２１頁。）

▶78　Johann Jakob Bachofen: Der Mythus von Orient und Occident, herausgegeben von Manfred Schroeter, C. H. Beck, 1926.（ヨハン・ヤーコプ・バッハオーフェン『東洋と西洋の神話』（未訳））Vgl. Karl Jaspers: Allgemeine Psychopathologie, Springer, ^{9}1973, S. 278.（カルル・ヤスペルス『精神病理學總論』中巻、内村祐之ほか訳、岩波書店、１９５５年、６１頁。）

▶79　Plutarch: Moralia 923 A.（プルタルコス『モラリア』第１２巻、三浦要ほか訳、京都大学学術会、２０１８年、１６頁。）

▶80　Georg Wilhelm Friedrich Hegel: Wissenschaft der Logik, Bd. 1 (Gesammelte Werke, Bd. 11), herausgegeben von Friedrich Hogemann / Walter Jaeschke, Felix Meiner, 1978, S. 21.（ゲオルク・ヴィルヘルム・フリードリヒ・ヘーゲル『『論理学』客観的論理学：存在論』（『ヘーゲル全集』第１０巻１）、久保陽一責任編集、知泉書館、２０２０年、２９‐３０頁。）

▶81　Georg Wilhelm Friedrich Hegel: Enzyklopädie der philosophischen Wissenschaften im Grundrisse (Gesammelte Werke, Bd. 19), herausgegeben von Wolfgang Bonsiepen / Hans-Christian Lucas, Felix Meiner, 1989, S. 5.（ゲオルク・ヴィルヘルム・フリードリヒ・ヘーゲル『エンチュクロペディー』樫山欽四郎ほか訳、河出書房新社、１９８７年、２０頁。）

▶82　Augustin: De Trinitate XIV.（アウグスティヌス『三位一体』（『アウグスティヌス著作集』第２８巻）、泉治典訳、教文館、２００４年、３９９‐４３５頁。）

▶83　１コリ０１：２３。

▶84　Søren Kierkegaard: „Hat ein Mensch das Recht, sich für die Wahrheit totschlagen zu lassen?“ In: Ders.: Gesammelte Werke, Abt. 21-23, übersetzt von Emanuel Hirsch, Eugen Diederichs, 1960, S. 80.（セーレン・キルケゴール「ひとは真理のために殺される権利を有するか？」河上正秀訳、『キルケゴールの講話・遺稿集』第７巻所収、新地書房、１９７９年、２０‐２１頁。）

▶85　ヨハ１４：０６。

▶86　ロマ０１：１７、０３：２１‐２４；Martin Luther: 2. Galatervorlesung (cap. 1–4) 1531 (D. Martin Luthers Werke, Bd. 40 / 1), Hermann Böhlaus Nachfolger, 1911, S. 239-242（マルティン・ルター『ガラテヤ大講解』上巻（『ルター著作集』第２集第１

1巻）、徳善義和訳、聖文舎、1985年、205 - 207頁。）

▼87 „Wie kann Glaube an etwas, das in einem Bekenntnis, in Aussagen niedergelegt wird, ein Verdienst sein?“ ヤスパースは、次のように書くべきではないか。„Ist Glaube an etwas, das in einem Bekenntnis, in Aussagen niedergelegt wird, ein Verdienst der Werke?“（「信仰告白や様々な言明において書き記されるものへの信仰は、わざの功績ではないか。」）すなわち、「信仰」が、それに対比される「わざ」になっているという、批判である。„Ist's aber aus Gnaden, so ist's nicht aus Verdienst der Werke.“ (Römer 11, 06, Lutherbibel (1912))（「それはしかし、恩寵によるのであり、わざの功績によるのではない。」（ロマ11：06、ルター聖書（1912年）））

▼88 Theodosius Harnack: Luthers Theologie mit besonderer Beziehung auf seine Versöhnungs- und Erlösungslehre, Abt. 1, Chr. Kaiser, 1927, S. 41-56.（テオドシウス・ハルナック『ルターの神学』第1巻（未訳））

▼89 原文の„zur mehr oder weniger gewaltigen Mitteilung eines unverborgenen Gottes überzugehen“（「隠されていない神について、大なり小なり強力に伝達しようとすること」）を、„zur mehr oder weniger gewaltigen Predigt eines unverborgenen Gottes überzugehen“（「隠されていない神について、大なり小なり強力に説教しようとすること」）に修正。Vgl. Karl Barth: „Die Lehre von den Sakramenten“ In: Ders.: Gesamtausgabe, Bd. 24, herausgegeben von Hermann Schmidt, Theologischer Verlag Zürich, 1994, S. 413.

▼90 マタ17：46、マコ15：34。

▼91 マタ05 - 07。

▼92 マタ27：15 - 26、マコ15 - 06 - 15、ルカ23：13 - 25、ヨハ18：39 - 40。

▼93 ヨブ01：21。

▼94 1コリ03：11。

▼95 „verkündigen“（「宣教する」）。

▼96 Arthur Schopenhauer: „Über Religion“ In: Ders.: Arthur Schopenhauers Werke in fünf Bänden, Bd. 5, herausgegeben von Ludger Lütkehaus, Hoffmans, 1988, S. 288.（アウトゥール・ショーペンハウアー「宗教について」、『ショーペンハウアー全集』第13巻所収、秋山英夫訳、白水社、1973年、129頁。）

▼97 „Gemeinschaft"（「共同体」）。

▼98 William Shakespeare: Hamlet 1, 5.（ウィリアム・シェイクスピア『ハムレット』（『シェイクスピア全集』第1巻）、松岡和子訳、ちくま文庫、１９９６年、６６頁。）

▼99 „Gemeinschaft"（「共同体」）。

▼100 Brüder Grimm (Hg.): Deutsche Sagen, ediert und kommentiert von Heinz Rölleke, Deutscher Klassiker, 1994, S. 494.（グリム兄弟編著『グリムドイツ伝説集』新訳版、鍛治哲郎ほか訳、２０２２年、５３８頁。）

▼101 １９６０年の2月に、本書をふくむ、ハインリヒ・バルト古希記念論集、『哲学とキリスト教的実存』が刊行された。「ここで提示した三章のほかに、さらに三章が予定されていた」とあるように、ヤスパースは、本書の三章に、さらに三章を執筆し、全体で六章からなる著作を構想していた。

しかし、同年の3月に、すでに、この構想に対して不満が述べられている。「印刷物として抜き刷りをお送りします。これは、ナンダ・アンシェンのための著作の前半です。あなたはそれを読むには及びません。この部分も、さらに修正されるかもしれません」（１９６０年3月5日、アーレント宛書簡。Hannah Arendt / Karl Jaspers: Briefwechsel 1926-1969, herausgegeben von Lotte Köhler / Hans Saner, Piper, 1985, S. 425.（ハンナ・アーレント／カール・ヤスパース『アーレント＝ヤスパース往復書簡１９２６－１９６９』第2巻、ロッテ・ケーラー／ハンス・ザーナー編、大島かおり訳、２００４年、１８６頁。））。

１９６０年の夏学期、ヤスパースは、「キリスト教の啓示に直面する哲学的信仰」を講義する。「とりあえずは、ハインリヒ・バルト［古希］記念論集の抜き刷りで、前半をお送りします。このテーマについて、夏［学期］に講義し、そのさい著作を仕上げるでしょう」（１９６０年3月１０日、ピーパー宛書簡。Karl Jaspers: Ausgewählte Korrespondenzen mit dem Piper Verlag und Klaus Piper 1942-1968 (Karl Jaspers Gesamtausgabe, Bd. III / 8. 2), herausgegeben von Dirk Fonfara, Schwabe, 2020, S. 364-365）。

講義後に、ヤスパースは、最終的に、右記の構想を放棄する。「著作は、もちろん全体が修正されます。バルト記念論集において公表された前半は、もはや全く気に入りません。推敲と拡張をしているところです」（１９６０年7月３０日、アーレント宛書簡。Hannah Arendt / Karl Jaspers: Briefwechsel 1926-1969, herausgegeben von Lotte Köhler / Hans Saner, Piper, 1985, S.

433.（ハンナ・アーレント／カール・ヤスパース『アーレント＝ヤスパース往復書簡1926‐1969』第2巻、ロッテ・ケーラー／ハンス・ザーナー編、大島かおり訳、2004年、196頁。））。「私は毎日、『キリスト教の啓示に直面する哲学的信仰』に取り組んでいます。バルト記念論集の文書は、全体が修正されます。元の文書が全く気に入らないので、全体が修正されることを喜んでいます」（1960年7月30日、ピーパー宛書簡。Karl Jaspers: Ausgewählte Korrespondenzen mit dem Piper Verlag und Klaus Piper 1942-1968 (Karl Jaspers Gesamtausgabe, Bd. III / 8. 2), herausgegeben von Dirk Fonfara, Schwabe, 2020, S. 369）。こうして、全体の分量が4倍強になり、1962年10月に、『啓示に直面する哲学的信仰』が刊行された。

なお、バーゼル大学におけるヤスパースの講義については、Paul Meyer-Gutzwiller: „Karl Jaspers und Basel" In: Basler Stadtbuch 1970, herausgegeben von Hans Birkhäuser / Fritz Grieder / Adolf Portmann / Marc Sieber, Helbing & Lichtenhahn, 1969, S. 155 を参照。

聖書宗教について[1]

1.

私たちが、公開書簡[2]と回答[3]が一瞥させる論争を、教会的な正統主義（オルトドキシー）と世俗的な悪魔主義（デモノロギー）の論争と名づけるならば、著者たちが欲するものは、誤解されているであろう。もしかすると、広範囲にわたるそうした問いは、表現にだけかかわる論争であるかもしれない。〔確かに、〕この論争は、十分に重要である。というのは、この論争は、敵対者とその追従者に、自己を明確にさせるからである。しかし、私たちが人間の信仰に対する様々な反発に気づくと思っているとしても、私たちの気づきは、つねになおも重要でありつづけるであろう。というのは、——創造というすべてを結びつける円環のなかにあり、意識的にせよ意識をしないにせよ一なる神へと関係づけられつづける、ということなしに——、私たちのうちのだれも一つの立場を主張することはないからである。私たちの敵対者が、やはり、私たちと敵対者が相互に理解しようと欲するということによってすでに、向かうのは、私たちと敵対者が、歴史性の様々な根源に由来するとしても、一なる真理の空間のなかで、相互に出会うところである。その一なる空間を、だれも、つまり、個人も、集団も、組織も、教会も、自己の所有物であるとは、主張することができない。私たちを結びつけるものが存在するのは、私たちのすべてが、本来的な人間として、文字通り、「カトリック、つまり普遍的」であるかぎりである。真理の全体に一人で気づいているという主張によって一なるものからの離脱がなされるところでは、普遍的であることがつねに損なわれている。実際には可能ではなく様々な転倒においてのみ空しく試みられることが、——すなわち、〈私〉が、あるいは、たとえば教会のような特殊な人間の集団のいわばおおきな〈私〉が、自らの立場を絶対の真理としてもつということが——、可能であるときにのみ、そして、そのような特殊な存在が、自らにとって無制約的な現象の歴史性を意識しないまま、むしろ、自らの意見を絶対に真理な意見であると主張しながら、現れるときにのみ、そのときにのみ、私たちを結びつける真理と私たちを切りはなす真理ならざるものの断絶が存在するであろう。真理の事柄において、自己自身を、単独者のであろうと共同体のであろうと、この特殊な存在として、考えるという、自らの我意を、消去し中断すればするほど、私たちはますます説得力のあるものになる。そのような消去が成功すればするほど、論争は、適切な経験とそれらの適切な表現をめぐる——いかなる中断ももはや知らない愛しながらの争いにおける——本当に徹底的な議論へと、変革されうる。そこでは、あらゆる発言は、つねに、たんに試みでありつづけ、その試みによって、自らの経験は、一なるものに関与するために、呼び起こされ高められる。そうであるということは、私たちを謙虚にせざるをえない。そのつど私たちによって用いられるいかなる命題も、私たちは、絶対的な命題と見なさないであろう。無制約性が存在するのは、歴史的な行為においてのみであり、本当に絶対的なものになるあらゆる真理が存在するのは、根源的な交わりにおける最も私的（プリヴァート）なものや最も密的（インティーム）なものにおいてであろう。そこからして、客観的なものとして現象する真理は、魂が吹き込まれる。私たちの語りのあらゆるものがもつ徹底的な不完全さをこのように意識しつつ、二人の著者が言及する真に決定的な問題に次の注釈を試みておこう。

2.

公開書簡は、私が本誌で用いた神についての言葉▼[4]と関係づけられている。それらは、論争のために利用されている。それらの言葉が実際に言われているので、私は、命題という形式で、哲学的に我が物にされうるような聖書的な信仰を示すことが、許される。というのは、聖書的な信仰にもとづいてのみ、かの言葉が可能であったからである。

　聖書、すなわち、12年間私たちの慰めであったこの書物は、その諸文書に、そこにおいて人間の最も卑俗な現実から人間の最も崇高な現実まで自らの経験を表明したある民族の生の表現を含んでいる。

　聖書を一貫するのは、神へと関係づけられているがゆえに比類ない仕方で作用するような情熱である。この神の前に立つので、聖書の人間たちは、人間として自らが空しいものだと知っている一方、人間を超えたものになる。

密やかに清らかに真理自体であるかのように作用する聖書の言葉が存在する。しかしそれらはまれにしかない。ありとあらゆるものの渦のなかへとそれらは巻き込まれる。極端なものがひしめく。考え出されたものによって、最後には、それらが覆い隠される。哲学的な自己意識が欠けている。ゆえに、語る実存の強さが欠けており、しかし、反対の方向への不断の放埒も欠けている。情熱は情熱によって訂正される。聖書は、人間の限界経験の、千年にわたる堆積である。

聖書宗教の変わらない根本性格、すなわち、心を奪う永遠の真理は、なにより、以下の性格にあるように思われる。

（1）**一なる神**。一なるものは、存在意識とエートスの基礎になり、世界への活動的な没入の根源になる。［一なる］神をおいてほかに神はいない▼5。そのことは、世界における一なるものの真剣さのための根拠である。

（2）**創造神の超越性**。悪魔的世界と呪術の克服は、彫像を欠き、形姿を欠き、思考をされえない神の超越性を、意識させる。創造の思想は、世界の全体を浮動させる。実存する単独者としての人間は、世界における自由を、神によって創造されていることとして、獲得する。人間は、超越神への結びつきにおいて、また、その結びつきによってのみ、あらゆる世界から独立している。

（3）**神との人間の出会い**。超越神は、つねに、人格的な相をもちつづける。超越神は、人間が頼る人格である。神の声（ゴッテス・シュティメ）を聴き、神の意（ゴッテス・ヴィレ）に従うという、神への衝動がある。そこから生じるのは、神の人格性を人格的に求める情熱である。聖書宗教は、祈りの宗教である。純粋な祈りは、世俗な望みから自由であり、賛美と感謝になり、最後は信頼になる。御心が行われますように▼6。

（4）神の戒め。初期の時代における比類ない素朴さとともに、十戒によって、人間の道徳性の根本的な真理が、神の戒めとして、表明される。善悪の区別が、あれか‐これかの絶対性において、理解される。預言者たちの時代以来、隣人愛が要求され、隣人を自分のように愛しなさい▼7という主張のなかで絶頂にいたる。

（5）歴史性の意識。それは、政治的な破局の時代に、神によって導かれる歴史という普遍史的な意識として、現れる。それは、ここでいま世界の全体をふくみこむ生を宗教的に中心化する根拠になる。それは、最後は、単独者の実存的な歴史性へと、深められ、純化され、狭められる。

（6）苦悩。苦悩は尊厳を与えられる。苦悩は神性にいたる道になる。神の僕の物語においてや（第二イザヤ）、十字架の象徴において（キリスト）、苦悩は、ギリシア人の悲劇的なものとの対極になる。聖書宗教は、――悲劇的な意識をもたず、あるいは、克服された悲劇のなかで――、生きる。

（7）解決不可能なものへと開かれていること。信仰の確信は、最大の試練にさらされる。所与の宗教的な立場にありながらも、――どんな発言も一つの立場にならざるをえない――、それにおいて生じる解決不可能なものを告発することが敢行される。神をめぐる争いの情熱が、「ヨブ記」において、比類のないものになる。正直者にとって避けては通れない通過点としての無の絶望が、「伝道の書」▼8において、凌駕されえない仕方で表明されている。

これらの根本性格のいずれも、固有の逸脱と結びついている。

（1）一なる神は、抽象的なものになり、そうなると、あらゆる世界存在に対してやそれらの多様と多彩に対しては消極的なものにすぎない。一なるものは多なるものを殺す。

（2）超越神は、世界から切り離される。創造されたもの、つまり被造物（シェプフンク）を欠く神は、あらゆるものがなくなるような思想である。世界が、空しいものになるだけではなくなにものでもなくなりもすることによって、私たちにとっては、超越者も、無のようになる。

（3）神との［人間の］出会いは、利己的なものになる。神の意を知ることにおける確実さへの傾向が、狂信の源泉になる。しかし、神の声に、他者に対して世界のなかで自己主張や自己弁護をすることは、根拠づけられえない。

（4）神の戒めは、道徳性の基礎から、果てしない法則性が求められる法的な意味の命題になる。

（5）歴史性の意識は、史実的・客観的な見解において失われ、思想的に、全体についての知識においてであれ、それどころか、能動的に、行為者に知られた神の計画の執行者であるとの意識からであれ、世界史を意のままにすることになる。あるいは、美的な見解が、自己の実存の真剣さを失いながら、生じる。

（6）苦悩は、心理学的に転化し、マゾヒスティックな欲求になり、あるいは、サディスティックに肯定される。

（7）解決不可能なものへと開かれていることは、絶望にいたり、あるいは、ニヒリズムに、すなわち、とてつもない否定の激昂に、いたる。

　聖書宗教の歴史のなかでは、こんにちまで、それに属しているこれらの逸脱が、現れている。それらにおいて見られる粗暴さは、根源的な信仰のパトスの転倒なようなものである。

　聖書的な信仰は、教説の全体として存在するのではなく、固定的な命題の一群として存在するのではない。それが存在するのは、――すべて非常に鋭い対立によって、私たちに、そのような矛盾するものを可能にする根拠を指し示す――聖書の諸文書の形姿においてである。聖書宗教の信仰は、一面的な固定化においては、真であり続けられない。それは、矛盾的なものや両極的なものにおいて、把握されなければならない。いくつか例を挙げよう。

（1）族長たちの犠牲から、エルサレムの神殿での、複雑に構成された日々の犠牲のいけにえまで、そして、キリスト教徒の聖餐まで、聖書を一貫するのは、祭儀宗教である。この祭儀宗教には、たしかに、繰り返し、祭儀を制限することへや精神的なものにすることへの傾向が存在する。たとえば、――エルサレムのただ一つの神殿のただ一つの祭儀のための、「高き所」（地方の多数の祭儀の場所）の破壊[9]、――その土地に根差して体験される生き生きした祭儀の、公式的に実施される抽象的な儀式への変革、――犠牲のいけにえから聖餐やミサへの祭儀の洗練。つねに祭儀は存在する。しかし、預言者たちは、（祭儀を誤解する心根に反対するだけではなく、）情熱的に祭儀に反対しはじめる。ヤハウェは言う（アモ05：21［-23］）。「私はあなたがたの祭りを憎み、退ける。あなたがたの聖なる集いを喜ばない。たとえ、焼き尽くすいけにえを献げても、穀物の供え物を献げても、私は受け入れず、肥えた家畜の会食のいけにえも顧みない。あなたがたの騒がしい歌を私から遠ざけよ。竪琴の音も私は聞かない」（他にイザ01：11、ミカ06：06、エレ07：21）。また、ヤハウェは言う（ホセ06：06[10]）。「私が喜ぶのは慈しみであって、いけにえではない。神を知ることであって、焼き尽くすいけにえではない」。

（2）十戒[11]と契約[12]から、申命記と祭司典の膨大な律法まで、律法宗教が発展していく。律法は、五書の言葉による、神の啓示にあり、すなわち、文書化（ゲシュリーベン）されている。しかし、エレミヤは、すべての文書化された律法に反対する。申命記をよりどころとする人たちに、彼は呼びかける。「どうしてあなたがたは言えるであろうか。「我々は知恵のある者で、神の律法は我々と共にある」と。書記たちの偽りの筆で、それは偽りとなった」（エレ08：08）。神の律法は、文書（シュリフト）の固定的な命題のなかにではなく、心のなかにある。「私がイスラエルの家と結ぶ契約はこれである、――ヤハウェは言う。私は、私の律法を彼らの胸のなかに授け、彼らの心に書き記す」（［エレ］31：33）。

（3）モーセの時代における契約締結以来、選ばれた民という意識が、聖書に広がっている。この民が契約に対する違反による不実さゆえ完全に滅ぼされるという預言が、初期は、残ることを定められている「残りの者（レスト）」[13]という思想によって、制限される。しかしやはり初期にも、選民性は、放棄される。「イスラエルの子らよ。私にとってあなたがたは、クシュの人たちと変わりがないではないか、――ヤハウェは言う。私はイスラエルをエジプトの地から、ペリシテ人をカフトルから、アラム人をキルから導き上ったではないか」（アモ09：07）。神は、「バビロン」捕囚時代（エクスィールスツァイト）、また再び、イスラエルの神になるが、しかし同時に、世界の創造者として、――あらゆる民のためにあり、それどころか、ヨナの狭量に反対し、ニネベの異邦人をあわれむ[14]――普遍神（アルゴット）にもなる。

（4）イエスは、キリストとして神（クリストゥスゴット）になる。しかし、最初から、それに、イエス自身の命題が対立している。「なぜ私を「善い」と言うのか。一なる神のほかに善い者はだれもいない」（マコ10：18）。

そのような例を多く挙げることができる。聖書のなかでは全体に目が向けられるとあらゆるものが両極性（ポラリテーテン）において見られるという主張を敢えてなすことが許される。結局のところ、言語化されたどの固定化にも、［それらに］矛盾する固定化が、見いだされるであろう。どこにも、完全で十全で純粋な真理は、存在しない。なぜならば、それは、人間の言語の命題においては、あるいは、人間の生の特定の姿においては、存在することができないからである。私たちの制限された見解においては、私たちにとっては、そのつど、別の極（ポール）が消え去る。真理それ自体に私たちが触れるのは、私たちが、様々な両極性を明瞭に意識しながら、これらを通り抜け、真理に近づくときだけである。たとえば、以下のものが対立している。祭儀宗教と、純粋なエートスをもつ預言者の宗教、――律法宗教と、愛の宗教（リーベスレリギオン）、――（時代を貫きながら信仰の高価な財産を守るための）硬直した形式への拘束と、神を信じ愛す人間のための解放、――祭司宗教と、個人の自由な祈りの宗教、――民族神と、普遍神、――選ばれた民との契約と、万人の課題である人間としての人間との契約、――（成功を功績の尺度として、失敗を罪業の尺度として、）現世における罪罰を計算にいれることと、謎を前にしてのエレミヤやヨブの英雄的な態度、――共同体の宗教と、神の人▼[15]や、先見者▼[16]、預言者の宗教、――呪術的（マーギシュ）な宗教と、理性的な創造の思想をもつ倫理的な宗教。それどころか、聖書のなかでは、悪魔主義（デモノロギー）や、人間神化、（「伝道の書」中の）ニヒリズムなどの不信仰において、信仰との大きな対立が、さらに含まれている。聖書内のこれらの両極性の帰結は、あらゆる党派と傾向が、後に続く歴史において、聖書のどこかに依拠することができた、ということである。聖書内で展開されている両極性は、何度も繰り返された。たとえば、キリスト教会にみられるユダヤ教的な神権政、神秘主義者や宗教改革者にみられる預言者の自由、自らを選ばれたと見なすキリスト教の民族・教団・分派のあらゆるものにみられる選民性。つねに、再興や、固定化への反動、生き生きした創造が、聖書宗教にもとづいてなされる。西洋のもといとされた聖書のゆるぎのない権威によって、生そのもののあらゆる矛盾の典型がしめされ、そのことによって、自らの自由な行為において自らが神によって贈り与えられることを知っている人間の、［一方では］あらゆる可能性に、［他方では］思い上がりとの絶えまない争いに、開かれることは、あたかも西洋の運命であったかのようである。

聖書のなにかの命題をではなく、聖書のあらゆる命題のなかで現姿する（ツーア・エアシャイヌンク・コメン）信仰を、われわれ西洋人は、よりどころとする。聖書において、［人間の］根源であり、［人間を］動かす原理であったもの、すなわち、様々な対立において現姿させられたものは、われわれの根源でもある。私たちは、聖書のなかですでになされたことを、再度おこなう必要はない。私たちがおこなわなければならないのは、聖書のなかからわれわれに語りかける権威にもとづき、決して同一の姿（エアシャイヌンク）では繰り返されえないものを、変革することである。

3.

聖書宗教という包括的なもの（ダス・ウムグライフェンデ）において生きたい者は、私たちの人間の状況を意識するであろう。すなわち、

世界は、創造されたもの、つまり被造物（シェプフンク）として閉ざされておらず、私たちの認識にとって果てしのないものであり、超越者における自らの根底へと開かれた側面をもつ。

私たちは、世界のなかにあり、決して自己の向かい側には世界をもたない。私たちは、自己を世界

のなかで定位し、すなわち方向づけ（オリエンティーレン）、世界のなかで行くべき道を見いだし、生き、築き、挫折する。私たちは、決して世界の全体を見ず、知らない。しかし、認識と行為のあらゆる様態によって、私たちは、一なるものという根源と目標に向けられている。

それゆえ、私たちに以下の要求がなされる。世界のなかで区別がなされ対象的なものや強制的なものになるものを認識すること、——私たちの歴史的実存における無制約性を、善いものを選ぶこととして、把握すること、——超越者の暗号としての象徴のはたらきのなかで、存在の多義的な言葉を、内容の豊かなものとして、現前させること、——真の〈知りうるということ〉がもつ冷静さと、つねに同時に、私たちの〈実存するということ〉がもつ日常的なエートスを、曇らせるような、あらゆる覆い隠すものを、避けること、——私たちにとって可能な行為と認識を、様々な限界の固守によって、純粋なままに保つこと。（様々な限界の混同は、私たちの衝動と内容を不明確で不正確にさせる。）

4．

神信仰の空間では、［以下の］両者が、もっとも信頼のおけるしかたで可能であるように思われる。すなわち、知られうるものや強制的なもの、避けられえないものに、方法［論］的に限定される純粋科学と、科学と結びつきながら、しかしやはりそれ自体べつのなにか、すなわち照明と生の実践（エアヘルンクレーベンスプラクスィス）とである哲学である。

限界の設定は、一なるものへの飛翔においてのみ、混同されることなく踏み越えられるが、限界の設定がものをいうこの空間にもとづいて、公開書簡と回答のいくつかの表現を変革することが、もしかすると意味のあるものになる。

右記の議論でおこなわれる歴史哲学的な全体観の方法［論］的な意義について、私は簡潔に語りたくはない。［しかし］以下のものに限定する。すなわち、

(1) 自由は、認識の対象としては、存在しない。私が物事を認識するかぎり、それらは、因果的に(カオザール)——すなわち静定的に(スターティシュ・ベシュティムト)——理解されうる必然的な連関のなかにある。自由は、人間が自らの責任を知っており、それを決断し、それを引き受けるところでのみ、存在する。

自由は、自己自身が、必然的なものとして、恣意と対立していることを、知っている。「自由に思考することはよいが正確に思考することはもっとよい」▼17という金石文は、——正確に思考することが、自由に思考することであるかぎりは——、無意味である。不正確に思考することは、つねに同時に、不自由［に思考すること］である。

私たちは、自由を認識(エアケネン)しえず、自由にもとづいて行為しうるだけである。［しかし、］私たちは、［自由を］思考しつつ、自由を照明(エアヘレン)しうる。たとえば、以下のような命題によってである。自由にかんしては、私は、自らによってでなく、超越者によって自由であることを、知っている。本来的な自由は、自らが超越的なものと結びついていることを知っている。自由にかんしては、私は、自らに贈り与えられる。自らにもとづいている(フェアダンケン)ということを、私は神に負っている(フェアダンケン)。

人間はむしろ、［一方で、］自由を放棄し、回避し、安心するために従順になり、［他方で、］この従順から、——自由となづける恣意によってのみ——、解放されたいという、傾向がある。自由が自分

のものだという主張の厄災は、自由がそれらの主張においては全く欲されていないということである。

　自由は、それが遂行されるところでは、超越者へと関係づけられている。自由は、それ自体が、超感性的なものである。自由は、現存在しない。心理学的な研究や社会学的な研究にとっては、自由は存在しない。それゆえ、人間は、いかなる研究においても、完全に対象化されることはない。人間は、自らによって認識されうる以上のものである。

（2）超越者は、神である。人間が神の存在を意識したあとには、「超越的な本質層」▼[18]について語ることは、――ヴェーバーがそのことによって単純な神の思想を曇らせることは考えていないとしても――、明晰さにとっては、危険である。
　悪魔（デモーネン）は、存在しない。ヴェーバーは、悪魔の存在を何がなんでも主張するわけではない。しかし、「諸力（メヒテン）」▼[19]についての語りは、いくつかの連関においては、彼が拒否する誤解へと行きつく。唯一的な超世界的創造神への関係によって人間が自己を意識することにおいて、預言者たちが呪術と悪魔主義を克服して以来、たえず、克服されたものに後退するという危険がある。その克服されたものは、つねにあらたな形姿をもって、[人間を]誘惑しようとし、実際に誘惑してきた。

　超越者の暗号の多義的な言葉が存在する。[一方で、]それらが言葉でありうるかぎり、私は、世界のなかのあらゆるものを、内在的超越（イマネンテ・トランスツェンデンツ）と名づけることができる。様々な形象と象徴において現前する物事の「本質」が存在し、芸術や文学の創造された言葉によって存在するものの内実が光り輝く。[他方で、]それらが、合理的な認識のほかに、一種の認識として、存在するものの一種の啓示を意味するかぎり、それらを、合理的な認識可能性をのりこえる超越的内容（トランスツェンデンテ・インハルテ）と名づけることができる。

しかし、そのことが混乱するのは、これらの内容が、同一の空間において認識されもするものとして、合理的に認識されうるものと結びつけられるように思われる瞬間である。

神なくしては真の人間像はありえないということは、（心理学の限界についての意識が鋭くされることを除き、）心理学への教示を意味しない。その命題は、信仰告白も意味しない。公開書簡が、その命題に、ここにあるのはキリストに賛成するか反対するかの決断である、ということを続けるならば、私は両方の命題の連関を否定するであろう。

（3）「人間の超越的な本質層についての経験にかんする」▼20、「一方では、」論理的な方法で存在の内実に接近する路線と、「他方では、」「決してそれと争わず西洋史をつうじて継続する非哲学的な路線」の、二つの哲学を区別することは、しかしやはり、根拠づけられていないであろう。というのは、だれも所有していないとしても、ただ一つの哲学が存在するからである。格言から、多様な形姿や文学の作品をへて、（決して哲学することの唯一の高き所（ヘーエ）でない）体系的・方法的な思想的建築物までの、あらゆる哲学にとって、共通であるのは、それ［ら］が、存在意識と自己意識を覚醒させるものを、様々な思想によって、間接的で客観的なものにするということである。あらゆる哲学することとの実際の連関は、事実、以下の奇妙な命題において、示される。「哲学をおこなうこと（フィロゾフィー・トライベン）なしに、哲学の術語は、用いられなければならない。そのことは、厄介であるが、避けては通れない」▼21。実際に、――思考しながらのみ、私たちは、哲学する（フィロゾフィーレン）のであるが――、哲学の術語においてとらえられるものは、結局のところ、作家が把握するものと同じであり、自らが人間であることを世界のなかで神の前で意識するいかなる人間にも現前的なものと同じである。

訳註

▼1　本稿は、Karl Jaspers: „Von der biblischen Religion" In: Die Wandlung, Jg. 1, Ht. 5, Carl Winter, 1946, S. 406-413 の全訳である。

▼2　Friedrich Wieschhölter: „Offener Brief an Herrn Professor Alfred Weber in Heidelberg" In: Die Wandlung, Jg. 1, Ht. 5, Carl Winter, S. 1945, S. 399-402.（フリードリヒ・ヴィーシュヘルター「公開書簡：ハイデルベルク［大学］、アルフレート・ヴェーバー教授へ」岡田聡訳、『哲学世界』第４４号所収、早稲田大学大学院文学研究科人文科学専攻哲学コース、２０２２年、８１-８６頁。）

▼3　Alfred Weber: „Über geistige Toleranz" In: Die Wandlung, Jg. 1, Ht. 5, Carl Winter, S. 1945, S. 402-406.（アルフレート・ヴェーバー「精神的寛容性について」（未訳））

▼4　「神なくしては真の人間像はない。私たちは人間像を取り戻さなければならない。」（Karl Jaspers: „Erneuerung der Universität" In: Die Wandlung, Jg. 1, Ht. 1, Carl Winter, S. 1945, S. 72.（カール・ヤスパース「大學の再興」桑木務訳、『大學の本質』所収、新潮社、１９５４年、１６頁。）

▼5　出２０：０３。

▼6　マタ０６：１０、ルカ２２：４２。

▼7　マタ２２：３９。

▼8　「コヘレトの言葉」。

▼9　列下１８：０４、２３：０８、１３、１５。

▼10　原文の「ホセ０６：０５」を修正。

▼11　出２０：０２-１７。

▼12　出２０：２２-２３：１９。

▼13　たとえば、アモ05：15。

▼14　ヨナ04：02。

▼15　サム上09：06。

▼16　サム上09：09。

▼17　ウプサラ大学の本館にかかげられている言葉。

▼18　Alfred Weber: „Unsere Erfahrung und unsere Aufgabe" In: Die Wandlung, Jg. 1, Ht. 1, Carl Winter, S. 1945, S. 57.（アルフレート・ヴェーバー「私たちの経験と課題」（未訳））

▼19　Ibid., S. 55.

▼20　Alfred Weber: „Über geistige Toleranz" In: Die Wandlung, Jg. 1, Ht. 5, Carl Winter, S. 1945, S. 405.（アルフレート・ヴェーバー「精神的寛容性について」（未訳））

▼21　Ibid.

カール・ヤスパースのひとと思想

岡田　聡

ヤスパースは２０世紀を代表する精神医学者、哲学者のひとりである。その略歴を簡単に紹介しよう。１８８３年、ドイツ、北海沿岸の都市オルデンブルクで誕生する。海とともに育つ。長じて精神医学を修めて、ハイデルベルク大学で１９０８年に博士学位、１９１３年に教授資格を取得する。同年から心理学を講義する。１９２２年、哲学部正教授に就任。妻がユダヤ系ドイツ人だったため、１９３７年、ナチスにより教職追放。１９３８年出版禁止。戦後の１９４５年復職。１９４８年、スイス、バーゼル大学に転じる。１９６１年定年退官。１９６９年当地で亡くなる。

１．海の体験とヤスパースの態度

ヤスパースの精神医学者、哲学者としての歩みは、北海の風景によって方向づけられている。森の、国ドイツの少年ヤスパースは飽きることなく海を眺め、のちにこう述べている。「海は無限なもののありありした現前である。波々は無限である。つねにすべてが動いており、どこにも固定したものはない」(『運命と意志』註1)。森や山が視界を遮るのに対し、海は一切が開かれている。後年ヤスパースは、「理性とはあらゆる真理と現実に対して限りなく開かれていることである」(『真理について』註2)と言い、それを自らの精神医学、哲学の態度としたが、そのことの背景には海の体験があったのである。

＊

森の国ドイツと言った。それは森が多いからではない。国土に占める森林の割合は約33％であり、フランスの約32％とあまり変わらない(日本は約68％)。しかし、16あるドイツの国立公園のうち13が森であるのに対して、8あるフランスの国立公園のうち5が山である(1のみ森)。この「森への愛」は、ドイツ・ロマン主義に由来するとされる註3。そして、この「森」とは、民俗学者バウジンガー『典型的にドイツ的』によると、「ドイツの森々」ではなく、「感情の特質」であるという註4。たとえば、森の詩人アイヒェンドルフがすぐに思いつくであろう(1788‐1867年)。「おお広大な森よ、丘よ／おお美しく緑なす森よ／わが喜びと悲みの／敬虔なありかよ！／あの外では、欺瞞に明け暮る／せわしない世界がざわついている／いまいちど、ゆるやかな曲線を描いてくれ／緑の天幕よ、私の身のまわりに！」註5。嘘に明け暮る森の外と、私を囲み守る森の中が、対比される。

あるいは、グリム兄弟による『子供と家庭のメルヒェン』(いわゆる『グリム童話集』)。「ヘンゼルとグレーテル」、「赤ずきん」、「ブレーメンの音楽隊」、「白雪姫」など、211話中101話に森が登場する[註6]。「森という語が出てくれば、そのほとんどの場合において森へ行くという行為、もしくは森にいるという状態が付随しているのであり、そのための種々様々な動機づけはあくまでも、森へ入る「必然性」を強調するためのものなのである」[註7]。

啓蒙主義においては（啓蒙＝蒙を啓く、Aufklärung＝光を当てる）、暗の中世が否定され光の近代が称揚され、理性や文明が重視されたのに対して、その反動として成立したロマン主義においては、感情や自然が重視された。「おりしも、「自然とはなにか」という議論があちこちで沸騰し［た］」[註8]。ドイツにおいては、その自然が森に見いだされた。（1760年代以降、産業革命がすすんだイギリスにおいては、田園風景が失われたことにより、その自然は田園地帯に見いだされた。湖水詩人ワーズワース（1770-1850年）[註9]。）

グリム兄弟の弟、ヤーコプは、タキトゥス『ゲルマニア』をドイツ人についての最初の記述と考え、同書28、30章に登場する「ヘルキュニアの森」をドイツ人の精神的な故郷と見なした[註10]。グリム兄弟の業績には、使用例が時代順に例示される『ドイツ語辞典』もあるが、「グリムたちが「古なるもの」を探求したのは、……法習慣、言葉、言い伝えなどを再構成することによって、……「共通の過去」を明らかにしたいと願ったからだった。ドイツロマン派成立の重要な歴史背景は、国民国家がないということだったが、グリムは、政治的な枠組みに代替するものとして、ドイツ語圏住民の「文化的絆」を提供しようとしたのである」[註11]。

＊

では、ヤスパースは、森について、どのように語っているのか。たとえば、ヘルキュニア（Hercynia）の森と混同されたこともあるハルツ（Harz）の森について。――「私はハルツをすでに6歳で知った。感動させはするが深くではない森や泉の神秘をもつ、……愛すべきであるがいくらか疎遠なものであった」（『運命と意志』註12）。あるいは、山について。――「19歳のとき、私はアルプスの高い山々を見た。……感動したにもかかわらず、山々は自由な視線を許さない、私から地平性を奪うという感情をもった」註13。森や山が視界を遮るのに対し、海は、――また、ヤスパースにおいて重要な術語になる地平線は――、一切が開かれているのみならず、彼方を予感させる。

ヤスパースの精神的な故郷は、オランダ～ドイツ～デンマークの北海海岸域のフリースラント（フリージア地方）である。「堤防の向こう側の北海沿岸、ヤーデ湾の西にイェーファラントが、東にブトヤーディゲンがある。前者は父の、後者は母の出身地である」註14。それゆえヤスパースは、我々の一家は、オランダからデンマークに至る北海沿岸の低湿地帯に住むフリース人であるという註15。「オルデンブルクは、確かに私の故郷であった。しかし、両親の気分、両方の祖父母を定期的に訪問したことは、……［オルデンブルクを］制約なく故郷だと思う感じを生じさせなかった」註16。ヤスパースのひとと思想に彼の育った風土は大きな影響を与えたのである。

幼少時代、私たちは、毎年、フリースラントの島々に滞在した。私は海と育った。私が初めて海を見たのはノルダナイ島においてであった。夕方、父は、小さな私の手を引いて、広い浜に降りて行った。深い引き潮で、みずみずしくよごれのない浅瀬をわたる道は水辺まで長かった。そこには、海の深さの秘密の象徴であるクラゲやヒトデがいた。私は魔法をかけられたかのようであり、そのことについて熟考しなかった。無限性を、私は当時、反省することなく、経験した。それ以来、私にとって、海は、人生一般の自明の背景のようであった。海は無限なもののありありした現前である。波々は無限である。つねにすべてが動いており、どこにも固定したものはない。[註17]

2. 精神医学の時代

ヤスパースは少年時代にスピノザに親しむなど、哲学に心惹かれていたが、「哲学を研究し、職業にするとは思いもよらなかった」（「哲学的自伝」[註18]）と述懐している。右記のように、大学では精神医学を専攻した。ヤスパースには医学こそが、「自然科学全体と対象としての人間とを含む、最も広い領域を開くように思われた」[註19]のである。彼の精神医学者としての最大の業績は、現代でもなお輝きを失っていない『精神病理学総論』（初版1913年、9版1973年）であるが、その意義を知るために、初めに当時の精神医学の状況を見ておきたい。

当時の精神医学界では、精神病を身体的にのみ解釈する立場（グリージンガー「精神病は脳病である」）と、精神病を心理的にのみ解釈する立場（フロイト、リビドー（性的衝動）の絶対化）とが対立していた。ヤスパースによれば、いずれも「「人間」全体を唯一の説明方法によって把握しようという欲求」（『精神病理学総論』初版[註20]）に陥っていた。ここで欠けていたものは、精神医学は科学であるという、精神医学の自己理解である。ヤスパースによると、科学とは、唯一の方法によって対象の全体を認識するものでなく、特殊な方法によって対象の特殊な部分を認識するだけである。

＊

ヤスパースによれば、「真正な近代科学は、……部分的であり、普遍的な方法をもたず、それぞれ特殊な方法によって特定の対象にむけられる」（『現代における理性と反理性』[註21]）。ヤスパースは、こうした観点から、マルクスの経済学とフロイトの心理学を、「非科学的性格をもつ全体観と信仰」[註22]だと批判する。両者は、一つの方法の絶対化によって生じる全体認識であり、「独断的な信仰」[註23]にほかならない。ヤスパースによると、マルクスは、「部分的な認識に関心がなく」[註24]、「全体的な洞察をもっている」[註25]。すなわち、マルクスの経済学は、「人間の根本的な現実を労働や生産に認めることとしての、また、あらゆる他の人間の現実がそれから導かれるというテーゼとしての唯物論」[註26]であり、「近代科学と根本的に関係ない」[註27]。（奴隷制・封建制・資本制といった生産関係、下部構造が、法律・政治・意識といった上部構造を、規定する。いわゆる唯物史観の公式：「生産関係の総体が、……現実の土台であり、それのうえに、法律的、政治的な上部構造がそびえたち、また、それに、特定の社会的な意識形態が対応する。……人間の意識が、人間の存在を規定するのではなく、逆に、人間の社会的な存在が、人間の意識を規定するのである」（『経済学批判』[註28]）。）他方、フロイトは、「意識の了解と因果の説明」(『現代における理性と反理性』[註29])を混同し、リビドー説を絶対化する。すなわち、フロイトの心理学は、「人間そのものの認識」[註30]として、独断的な信仰である。「背教した弟子へのフロイトによる破門により始まったことは、異端宣告をともなう正教化であり」[註31]、「フロイト主義は、信仰運動になった」(『精神病理学総論』9版[註32])。

*

ヤスパースは『精神病理学総論』において、一つの方法の絶対化によって生じる全体認識を回避しようとした。「この書の方法論的な性格は決定的である」[註33]と言われるように、本書は、精神医学の諸方法の権能と限界を明らかにしようとした方法論的な著作である。

全領域を、一つの体系によって一つの理論にもとづいて、ねじまげるのではなく、個々の研究の道程・観点・方法を、純粋に区別することによって、明白に明瞭にし、それとともに精神病理学の多面性を叙述するということを、試みたい。[註34]

精神医学の「教科書」[註35]で有名なフーバーは、「[ヤスパースの精神医学の]唯一の課題は探求のための諸観点の展開である」[註36]と言い切っている。後年ヤスパースが、「私の精神病理学の原理は認識が獲得される方法を手がかりとして……認識することを認識すること(das Erkennen zu erkennen)であった」（「哲学的自伝」[註37]）と述懐するように、同書は、あるいは認識論的な著作であるとも言え、ウォーカーが――カントの『純粋理性批判』を念頭に置きながら――「精神病理学的理性批判（Critique of psychopathological reason）」[註38]と呼ぶほどである。

ヤスパースの方法論としては、身体的なアプローチとしての、客観的な因果関係の「説明」と、心理的なアプローチとしての、他者の心理状態の「了解」の区別が、よく知られている。だが本稿では、一歩踏み込んで、そうした方法論を支える態度に注目したい。ヤスパースはそれを「方法論的意識」や「方法論的態度」と呼んでいる。

> 方法論的意識は、私たちに、絶えず新たに把握されなければならない現実に対して、心構えをさせる。［それに対して、］何であるかを独断する態度（ザインスドグマーティク）は、私たちを、全ての新たな経験にベールをかける一つの知識のなかに、閉じ込める。かくして、方法論的根本態度は、絶対化する態度に反対する。（『精神病理学総論』9版[註39]）

ハイデルベルク大学でヤスパースの後任教授となったガダマーは次のように書いている。「精神病理学の全領域での多面的な研究方向についての叙述は、ヤスパースがいかなる独断的な一面性も疑い嫌う者であることを証明していた」[註40]。

3. ヤスパース精神医学の再評価

絶対化する態度に反対し、いかなる独断的な一面性も疑い嫌うことこそが、右記のように、後年「理性」と術語化された、「あらゆる真理と現実に対して限りなく開かれている」態度にほかならない。またこの態度こそが、21世紀の精神医学界において再評価されているのである。再評価の代表例は、ガミー『精神医学の諸概念：心とその病への多元的アプローチ』[註41]である。ガミーは本書において、現在の精神医学の混乱を、心とその病に対する生物的（バイオ）／心理的（サイコ）／社会的（ソーシャル）なアプローチの間の分裂や、それぞれの方法の無自覚な絶対化、安易な折衷によるものと見る。そして、その解決の糸口を、精神医学史上はじめて自覚的に「心とその病への多元的アプローチ」を試みたヤスパースに求める。『精神病理学総論』について、「現代でもなお輝きを失っていない」と述べたが、同書における、精神医学の諸方法の権能と限界を明らかにしようとした方法論的な態度こそが、刊行後1世紀を経て改めて注目されているのである。

4．精神医学から哲学へ

さて、『精神病理学総論』によって教授資格を取得するつもりであったヤスパースであるが、医学部に欠員がなく、哲学部で心理学の教授資格を得た。1919年、『世界観の心理学』を刊行。「この書は私にとって無意識に哲学への私の道となった」（「哲学的自伝」[註42]）。実際、本書には、のちのヤスパース哲学の萌芽（たとえば限界状況論など）が見られる。1922年、哲学部正教授に就任。これは、ヤスパースが精神医学から哲学へ転向した外的な事情である。

それとともに、ヤスパース自身の内的な動機にも言及しなければならない。当時の哲学界の主流は、いわゆる「新カント学派」であり、ハイデルベルク大学哲学部には、――マールブルク学派とともに新カント学派をなす――西南ドイツ学派を代表するリッカートがいた。彼らの哲学はヤスパースにとって、本来の哲学ではないように思われた。「[それは] 自らが科学であると主張し、私たちの生の根本的な問題にとって本質的ではない物事を究明するものにすぎないように、私には思われたのである」[註43]。それに加えて、ヤスパースが「現代における唯一の哲学者」(『マックス・ヴェーバー追悼演説』[註44])と見なしたヴェーバーの死(1920年)が重なる。「ヴェーバーは世を去っていた。精神の世界が哲学を欠いているならば、課題は、少なくとも哲学について証言し、[哲学と科学の] 混同を防ぐことであった」(「哲学的自伝」[註45])。

5. 哲学の時代

その最初の結実を示すのが、西洋哲学の金字塔、『哲学』全3巻(1932年)である。ここでの主題は、世界――または科学の限界――、実存(魂)、超越者(神)である。

科学を超えるものは、科学的な認識の途上で初めて現れる。「認識の情熱は、認識が最も高まることによって、ほかならぬ認識が挫折するところに到達する」(『哲学入門』[註46])。精神医学は科学として、人間の特殊な部分を認識するにすぎない。「人間はつねに自らについて……知りうる以上のものである」(『精神病理学総論』9版[註47])。認識されない何かが残り続ける。それが実存である。理性、すなわち「あらゆる真理と現実に対して限りなく開かれている」態度をもって、ヤスパースは、科学的にアプローチされない実存と――それにのみ開示される――超越者にも目を閉ざさなかった。ヤスパースによると、実存とは認識されえないものであるがゆえに、積極的な概念の規定はなされえないが、本稿ではあえて、他の「実存の思想家」と比較しつつ、ヤスパースにおける実存について述べたい。

ヤスパースにおける実存とは、人間一般の本質（人間とはXであると言われるときのX）には還元されえない、個別的で独自的なこの私を意味する。ヤスパースの実存概念は、超越者（神）に関係するとする点でサルトルの実存概念とは異なるが（この点ではキルケゴールの影響を受けている）、他の実存との交わりにおいて実現されるとする点でキルケゴールの実存概念とも異なる。また、ハイデガーの実存概念と比較すると、実存が自己に関係することを強調する点では共通するが、ほかならぬこの私という人間の個別性・独自性を際立たせ、各自の実践的な生き方を問題にするか（ヤスパース）、その個別性・独自性の構造を分析するか（ハイデガー）という、力点の違いも見られる。ここでは特に、実存が「超越者に関係する」とする点について、一歩踏み込んで見てみたい。

*

サルトルは『実存主義はヒューマニズムである』において、実存主義を「無神論的」と「有神論的」に区別して、次のように述べている。――実存主義は人間的な主体性を強調するので[註48]、実存主義にとってはそれを超えるもの、つまり神が存在するかどうかは問題にならない[註49]。したがって「私が代表する無神論的実存主義がより首尾一貫している」[註50]。それに対してヤスパースは、「実存が全てであると見なすならば、それは、自己存在の土台のうえで閉じこもる一種の実存哲学の偏狭さであろう」

（『哲学』[51]）と書いている。

＊

「実存（独：Existenz、仏：existence）」は、哲学史上、「本質（essentia、である）」に対立する「存在（existentia、がある）」に由来する。たとえば、プラトンにおいては、万物は、その本質（つまりイデア）が、その存在に、先立つ。あるいは、中世哲学においても、万物は、その本質の規定が、その存在の創造に、先立つ。人間においても同様で、「創世記」にいわく、「神は言われた。「我々に象どり我々に似せて［＝本質の規定］、人を造ろう［＝存在の創造］」」（創01：26）。

こうしたヨーロッパ的・キリスト教的な人間観について、サルトルは、まず、職人と神の類比をもちいて説明する。職人について。「［①］ペーパーナイフのような、製造された物体を考えてみよう。［②］この物体は、概念によって触発された職人によって、製造された。［③］……それゆえ、ペーパーナイフにかんしては、……本質が実存［existence、存在］に先立つ、と言うであろう」[52]。神について。「［①］私たちが創造者としての神を思い描くとき、この神は、たいてい、すぐれた職人と同一視される。［②］……それゆえ、職人の頭にあるペーパーナイフの概念と、神の頭にある人間の概念は、比較されうる。……職人がペーパーナイフを製造するように、神は人間を創造する。［③］……どの人間も、人間という、普遍的概念の、特殊な一例である」[53]。すなわち、ヨーロッパ的・キリスト教的な人間観においては、本質が実存に先立つ。

これを批判しつつ、サルトルは、次に、自己の立場を主張する。「無神論的実存主義は、神が存在しないとしても、すくなくとも、実存［existence、存在］が本質に先立つものがあり……、このものが人間である……と宣言する。……人間は、最初は何者でもない。……人間は、自らが作るものになる」[註54]。それゆえ、「私たちは決して、所与の確定された人間の本性に関連づけて、［人間を］説明することができない。……人間は自由である」[註55]。

*

実存についてのヤスパースの基本的な命題は、「実存は自己自身に関係し、そのことにおいて自らの超越者に関係する」（『哲学』[註56]）である。「自己自身に関係する（verhalten）」とは、俗な表現を用いれば、私はいかに生きるべきかについて、自己自身に「態度（Verhalten）」をとることであるから、ヤスパースにおいても、実存は自由のことであるが、サルトルとことなり、その自由は超越者によって贈り与えられたものである。

実際に自らの自由に気づく人間は、同時に神を確信する。……私が確信するのは、自らの自由の点では、私は、自己自身によってあるのではなく、私に贈り与えられている、ということである。（『哲学入門』[註57]）

ここで言われる自由は、客体的な何かを選ぶことではなく、それを通してなされるとしても、主体的な自己を選ぶことである。個別的で独自的なこの私、おのれの実践的な生き方を選ぶとき、ヤスパースによると、その決断は、恣意的なもの、気紛れなものではない。それは、「「私はせざるをえない」という意味で「私は欲す」として表明される必然」（『哲学』[註58]）の意識のもとで下される。私たちが能動的な決断を下すとき、たんなる恣意的なものではなく、あたかも超越的に根拠づけられた受動的な決断であるかのように、感じられることがある。いわば、自由の能動的な受動性。「絶対的な自由は絶対的な必然である」[註59]と言われ、ヴォルムス帝国議会で自説の撤回を求められたルターの激語、「われここに立つ、他になしあたわず」[註60]が、自由と必然の一致の歴史的な実例として挙げられる[註61]。この私の生き方の選びは、あたかも超越的に根拠づけられた必然的な決断であるかのようである。ヤスパースはそのことを、自由は超越者によって贈り与えられたものだと表現し、それゆえに実存を、「自己自身に関係し、そのことにおいて自らの超越者に関係する」と理解するのである。

＊

ヤスパースは、戦前・戦中に執筆し戦後の４８年に刊行した『真理について』で、実存の孤立化・絶対化として、「実存主義」なるものの可能性をあげたが[註62]、のちに、サルトルを念頭におきつつ、「戦後私はフランスにおいてそれが実現したことを見て驚いた」（「『哲学』への後書（１９５５年）」[註63]）と回想した。ヤスパースは、右記のように、１９世紀デンマークのキリスト教的思想家キルケゴールの影響下にあるのである。キルケゴール：「自己自身へと関係するそのような関係、つまり自己は、自己を自ら措定したか、ある他者によって措定されているかの、いずれかでなければならない。……そのような派生されて措定された関係が、人間の自己であり、それは、自己自身へと関係し、そのことにおいてある他者へと関係する関係である」（『死に至る病』[註64]）。ヤスパース：「実存は、自己自身へと関係し、そのことにおいて、それによって自己が措定されているところのちからへと関係づけられていることを知っている自己である（キルケゴール）」（「キリスト教の啓示に直面する哲学的信仰」[註65]）。両者においては、二つの要素が挙げられており、自己は、自己に関係し、自己の存在の根拠に関係するのである。

*

ヤスパースは、プロテスタンティズムの思想家、キルケゴールの影響を受けている。では、プロテスタンティズムのもとい、ルターの影響はどうであろうか。ヤスパースは、ルターについて、まとまりのある文章をのこしていない。それどころか、ルターについて、否定的な発言が目につく。「［マルクスには］私としても敵意をもって対するほかなかった（ルターやフィヒテと同様に）」（『アーレント＝ヤスパース往復書簡』[註66]）。「……ルターはその著作『ユダヤ人と彼らの嘘』において次のように書いている。……ヒトラーがしたことは、ガス室による直接殺害をのぞいて、ルターが勧めた」（「非キリスト教的宗教と西洋」[註67]）。その一方、とくに自由の問題について、肯定的な評価も見られる。

自由の問題、すなわち、自由が自らによって存するわけではないということや、むしろ、より決定的に自由が現実に意識されるほど、ますます自由が自らが贈り与えられていることを知っているということ……。私は、そのことを、哲学的な実存照明における不可避な真理要素と見なすが、これは、パウロ、アウグスティヌス、ルターがいなければ、私たちにもしかするとこれほど明瞭には意識されなかったであろう。（「回答」註68）

そこで、自由という観点から、両者の思想的な類似性に言及したい。（とくに自由の能動的な受動性について。）

ルターにおいて自由について論じられているのは、1520年の『キリスト者の自由』である。そこで本書にもとづいてルターの自由論について概観しよう。ルターにおけるキリスト者の自由とは、端的には、律法ないしはわざからの自由である。

キリスト者は義であるためには、信仰で十分であり、わざを必要としない。わざをもはや必要としないならば、たしかにすべての誡命から解放されている。解放されているならば、たしかに義である。これがキリスト者の自由であり、「信仰のみ」である。註69

末尾の「信仰のみ」に注目したい。すなわちキリスト者の自由、律法ないしはわざからの自由は、

「信仰のみ」によって与えられるのである。「キリスト者にキリストが獲得し与えた自由はどのようなものか」[註70]。自由の受動性が説かれている。

では、キリスト者の自由が律法ないしはわざからの自由であるとすれば、キリスト者は、律法を守りわざを行う必要はないのであろうか。『キリスト者の自由』は2部からなっており、第1部では右記した自由の受動性が説かれているのに対して、第2部では自由の能動性が説かれている。

[第2部で] 私たちは、先の語りにつまずいて、「えっ、信仰がすべてであり、義とされるためにはそれだけで十分であるならば、一体、なぜよいわざが命じられているのか、そうならばわれわれは自信満々に何もしない」と言うのを常とするすべての人たちに答えたい。……キリスト者は、自由であるかぎり何もする必要がないが、僕べであるかぎりすべてのことをしなければならない。[註71]

邦訳で一般に「しなければならない」と訳されている „müssen“ は、「せざるをえない」と訳すこともできるであろう。自由の能動的な受動性。ルター学者の徳善は『キリスト者の自由』の注解で、いみじくも「内的な信仰は必ず必然的に外的な、よい行いへと具体化せざるをえない」[註72]と書いている。ルターにおけるキリスト者の自由は能動的に受動的なものである。換言すれば、そこでは自由と必然の統一が説かれている。ヤスパースにおいても、「実存的不可避（Müssen）」（『哲学』[註73]）として、「自由と必然の統一」[註74]について、論じられていた。自由の問題にかんして、両者の思想的な類似性を見て取ることができるのである。（シュスラー：「ヤスパース固有の思考の多数の概念は、［キリスト教の］これらの伝統的な信仰内実への近さを示す」註75。）

6．ヤスパースとキリスト教

以上のように、ヤスパース哲学の主題は、実存（魂）と超越者（神）である。ヤスパースはアウグスティヌスの「私ハ神ト魂ヲ知リタイ」註76を引用する（「私の哲学について」註77）。ただし、ヤスパースにおける超越者がキリスト教における神（人となった神、人格的な神）とは一線を画していることに注意が必要である。続いてヤスパースとキリスト教の関係について言及したい。

『哲学』刊行の2年後、ヒトラーが政権を取った。妻がユダヤ系ドイツ人だったため、国民社会主義（ナチズム）はヤスパースに暗い影を落とした。1937年には教職を追放され、1938年には出版を禁止された。

＊

余談的言及。――晩年のヤスパースの助手を務めたザーナーは、次のように書いている。「そのことによって、彼から全活動範囲が奪われた。同時に、個々の友人が次第に関係を断った。たとえば、ヴィルヘルム・フルトヴェングラー［1886-1954年］は、もはや訪ねて来なかった」註78。その一方、「こうした苦境の時代において、光明もあった。……未公刊の記念論文や、無数の書簡によって、1943

年の60歳の誕生日に、ヤスパースに敬意をしめした、ドイツや、世界の学者らがいた「世界の学者ら」には田辺元（1885-1962年）もおり、のちにそのことをヤスパースは感謝をもって回顧している[註80]。なお田辺は、それ以前もヤスパースに論文の寄稿を求めており、そのことによって、当時日本と同盟関係にあったナチス・ドイツを牽制しようとしたとされる[註81]。（寄稿された論文は以下。カール・ヤスパース「世界知の限界と自由」野田又夫訳、『哲學研究』第307號所収、京都哲學会、1941年、1-21頁。この論文は、ヤスパースの著作目録に記載されていないが、出版が許されなかった当時のものとして、貴重である。）

*

アメリカ軍がハイデルベルクを占領したのは、ヤスパース夫妻が強制収容所に移送される予定日のわずか15日前、1945年3月30日であった。枕元に青酸カリ入り小瓶を置き、たえず死を覚悟し続けた日々を回想し、「「聖書は」12年間私たちの慰めであった」（「聖書宗教について」[註82]）や、「学生時代（シュールツァイト）来の長い中断のあとで国民社会主義の年月に初めて聖書を読んだ」（「回答」[註83]）と述懐しているのは興味深い。というのもヤスパースは教会の世界を無視していた両親のもとで育ち、「少年時代には教会の説く宗教に殆ど関わらず、……誠実であるために教会から脱退しなければならない」（「哲学的自伝」[註84]）と自らも考えたほどだからである。実際1932年の『哲学』では、「聖書（Bibel、Testament）」という語は4度[註85]、「キリスト教（Christentum）」という語は2度[註86]しか用いられていない。

しかし第二次世界大戦後には、ヤスパースは「哲学的信仰」という立場を打ち出し（『哲学的信仰』[註87]）、聖書やキリスト教に積極的な意義を見いだそうとする。

＊

「［聖書は］12年間私たちの慰めであった」。聖書はヤスパースに、どのような慰めをもたらしたのか。レーヴェンシュタインが、「ヤスパースの思考におけるユダヤ性」で書いているように、それは、1946年の『罪責論』に見られる。

ここでヤスパースが指摘するのは、エレミヤの例である。エレミヤは自らの生涯を賭けてはたらいたすべてのものの没落を体験し、この状況のなかで、絶望した弟子のバルクに、「神の言葉を挙げ」呼びかける。「私は自分が建てたものを壊し、自分が植えたものを抜く。あなたは大きなことを求めている。求めてはいけない」[註88]。ヤスパースは預言者のこの言葉について、「神が存在することだけで十分である」と言う[註89]。彼は繰り返し、エレミヤのこの言葉に立ち返り、神を確信している人間は、限界状況においても絶望しないことを示す。[註90]

「神が存在することだけで十分である」と同等の命題は、主著の『哲学』の締めくくりとしても用いられているように[註91]、ヤスパースの哲学の中心的な命題である。「ヤスパースは、彼の生涯の最も困難な年月に、この命題をもって生きた」[註92]。

ヤスパースは『哲学』ではエレミヤの言葉とこの命題の関連性に言及していないが、ナチズム時代執筆の著作において両者を併記しはじめる[註93]。レーヴェンシュタインが、「ヤスパースは自らの思考の決定的な要素において聖書との連関性を意識している」[註94]と述べているが、ヤスパースは、ナチズム時代にそれに気づいたと言えるのではないだろうか。

*

ただしそのことは、ヤスパースが聖書やキリスト教をそのまま受け入れることを意味しない。ヤスパースは、ユダヤ教、キリスト教、イスラムの、いずれとも同一ではないが、それらを生み出し包み込む「聖書宗教」という概念を掲げる。この概念は、ホメルによって「ヤスパースの聖書解釈の中心カテゴリーの一つ」[註95]と言われる「両極性」から理解されなければならない。「聖書は、……無限に多義的であ［る］。……つねに、敵対者同士が、――同等の権利をもって――、聖書の諸文書によって、自らを正当化しえた」（「キリスト教の啓示に直面する哲学的信仰」[註96]）。たとえば「民族思想と人類思想、多神論と一神論、聖職者の宗教と預言者の宗教が自らの正しさを認める」（『啓示に直面する哲学的信仰』[註97]）。

聖書的な信仰は、……固定的な命題の一群として存在するのではない。……聖書宗教の信仰は、一面的な固定化においては、真であり続けられない。それは、矛盾的なものや両極的なものにおいて、把握されなければならない。（「聖書宗教について」[註98]）

聖書の両極性についての主張は、ヤスパースの次の見解に基づいている。「どこにも、完全で十全で純粋な真理は、存在しない。なぜならば、それは、人間の言語の命題においては……存在することができないからである」[註99]。

神的なものの経験の多様な表現が聖書であり、換言すると、神的なものの経験は一義的には表現されえない。「言語化されたどの固定化にも、［それらに］矛盾する固定化が、見いだされるであろう」[註100]。神は一面では、「象徴」（ヤスパースは「暗号」とも呼ぶ）としてならば「内在的超越」（たとえば人となった神）になりうる。しかし、神は他面では、「純粋な超越」（いわゆる「隠された神」）であり続ける。聖書における神の内在性と超越性との両極性である。ヤスパースによると、聖書の両極性が一方へと固定化されるならば、信仰の根源は忘却される。それゆえにヤスパースは、イエスにおいて人となった神というキリスト教の中心的なドグマを、聖書からの逸脱と見なし、批判するのである。キリスト教の立場によれば、新しい契約によってふるい契約が成就されたわけであるが、ヤスパースの見解からすれば、新約聖書は旧約聖書からの逸脱であり、旧約聖書の「一つの付録」（『啓示に直面する哲学的信仰』[註101]）にすぎない。

＊

ヤスパースの論敵には、プロテスタントの神学者、ブルトマンがいた。ヤスパースとブルトマンは、オルデンブルクのギムナジウムの同窓生であった。ヤスパースは述懐している。「私は、……あなたを校庭で見かけ、あなたとあえて関わろうとすることはなかったが、あなたの光り輝く目を見て、あなたの存在を嬉しく思った」（『非神話化の問題』註102）。

ブルトマンによると、「新約聖書の世界像は、神話的な世界像である」（「新約聖書と神話系」註103）。神話は、非世界的なものを、世界的なものに客観化する。たとえば、神の彼岸性は、空間的な遠さとして表象される。すなわち神話とは、本来的には非客観的なものについての、客観的な表象（イメージ）である。しかし、神話の本来的な意図は、客観的な世界像を与えることではなく、神話は、人間が自己をどのように理解しているのかを表明する。「それゆえ、新約聖書の神話系も、その客観的な表象内容ではなく、この表象において表明される実存理解［、人間理解］が問われなければならない」註104。そこでブルトマンは、新約聖書の神話的な表象を解釈し、その「意味」、すなわち「実存理解」をとりだす。彼はそれを「非神話化」とよぶ。では、新約聖書の実存理解、人間理解は、どのようなものか。

［新約聖書の人間理解は、］人間が自己自身の支配者ではないということ、人間がこの世に依存しているのみならず、人間がなによりもこの世の彼岸で支配する力に依存しているということ、人間がこの依存においてほかならぬこの世の力から解放されるということである。註105

新約聖書によると、自己に固執する人間は、自己への信頼を放棄することができない。「堕落しているならば、人間のどんな活動も、堕落している人間の活動だ」[註106]からである。ここで、自らの髪を引き上げて沼から抜け出ようとするミュンヒハウゼンの試みの不可能性が思いだされる。ブルトマンならば、だからこそ外から差し出される手によって引き上げられる救済が問われざるをえないと言うであろう。この世の力からの解放、自己への信頼の放棄は、「贈り与えられたもの」[註107]であることがいわば他力的につきつけられるときにのみ、可能になる。そして、「まさにそのことを新約聖書の宣教は主張するのであり、まさにそのことがキリストの出来事の意味である」[註108]。

しかし、こうした主張こそ、さらに非神話化されなければならない神話的な残滓ではないのか。ヤスパース：「神の語りかけは、新約聖書の言葉に、それゆえ一つの完全に固定化された客観性に結びついている。……そのことは、客観的な固定化の放棄というあなたの意図に矛盾している」（『非神話化の問題』[註109]）。確かに、ブルトマンによると、啓示は、主体的な、そのつどいま・ここで生じる出来事だとされる[註110]。しかし、ブルトマンにおいて、啓示は、約2000年前の奇跡にもとづいており、自己への信頼の放棄は、「原始キリスト教徒たちの口を介しての神の「呼びかけ」への決断へと特殊化される」[註111]。その点で、ブルトマンの非神話化には、「一つのことが完全に客観的なこととして、残っている」[註112]。そしてその一つのことは、「ケリュグマ」、すなわち「キリストにおける神の客観的な行為についての使信（メッセージ）」にほかならない。（ヤスパースの影響下で、「実存の神学」を形成したブーリによると、ブルトマンは、実存という恩寵を知ろうとしないから、「キリストにおける神の救済行為という、かのなお常に神話的な恩寵に至らざるをえない」(「神学の非神話化か非ケリュグマ化か」[註113])。贈り与えられたものという性格の自覚こそが「救済の現実」[註114]であり、それの表現が「救済の神話」[註115]である。救済の現実が救済の神話を認識させるのであって、ブルトマンの主張とはことなり、救済の神話が救済の現実を存在させるのではない。ブーリはこのように、非神話化の帰結として、非ケリュグマ化を主張した。それの結実が『実存の神学』である。「超越者への関係の直接性を」――仲介者キリストなしに――「実存のいかなる根源的な理解も知っているので」[註116]、「キリストにおける神の啓示に……実存にとっての神の啓示が取って代わる」[註117]。)

ヤスパースは、ブルトマンが聖書を文字通りにそのまま理解しないことを評価しつつ、ブルトマンにおいても結局のところ、イエス・キリストへと神が一面的に固定化されると批判した。すべてが神の象徴(暗号)になりうるとするヤスパースにとって、それは受け入れられないことであった。(彼の批判の核は、――本書の主題でもある――、キリスト教が、神と人との媒介をイエスに固定化・絶対化すること、にある。ヤスパース:「暗号でありえないものは存在しない」(『哲学』[註118])。しかしそれこそが、キリスト教の、ヤスパースへの批判として、返ってくる。いわく、ヤスパースにおいては、神が具体性を欠き、神との出会いの保証を欠くと。シュスラー:「ヤスパースは明らかに、「永遠の抗議はいかなる具体的な内容をも排除する、という」この危険に屈服した」[註119]。)

*

「私の哲学すること（フィロゾフィーレン）の根本態度は、いわば永遠に飢え苦しむ者（フンガーライダー）の態度である」（「回答」註120）。精神医学から出発し哲学へと向かい、戦争体験を経て戦後のキリスト教批判に至るまで、絶対化する態度に反対し、いかなる独断的な一面性も疑い嫌うこと、「あらゆる真理と現実に対して限りなく開かれている」態度は変わらなかったのである。

註

註1　Karl Jaspers: Schicksal und Wille, herausgegeben von Hans Saner, Piper, 1967, S. 15.（カール・ヤスパース『運命と意志』林田新二訳、以文社、１９７２年、９頁。）

註2　Karl Jaspers: Von der Wahrheit, Piper, 1947, S. 677.（カール・ヤスパース『真理について』第４巻（ヤスパース選集３４）、上妻精ほか訳、理想社、１９９７年、１６４頁。）

註3　Karl Hasel: Forstgeschichte, Paul Parey, 1985, S. 251.（カール・ハーゼル『森が語るドイツの歴史』山縣光晶訳、築地書館、１９９６年、２６３頁。）

註4　Hermann Bausinger: Typisch deutsch, C. H. Beck, 2000, S. 74.（ヘルマン・バウジンガー『ドイツ人はどこまでドイツ的？』河野眞訳、文緝堂、２０１２年、８３頁。）

註5　ヨーゼフ・フォン・アイヒェンドルフ「わかれ」、『アイヒェンドルフ詩集』石丸静雄訳所収、彌生書房、１９７６年、１１８頁。

註6　大野寿子『黒い森のグリム』郁文堂、２０１０年、１７頁。

註7　同上、２８頁。

註8　今泉文子『ロマン主義の誕生』平凡社選書、１９９７年、１８７頁。

註9　「谷また丘のうえ高く漂う雲のごと、／われひとりさ迷い行けば、／折しも見出でたる一群の／黄金色に輝やく水仙の花、／湖のほとり、木立の下に、／微風に翻りつつ、はた、踊りつつ」（ウィリアム・ワーズワース「水仙」、『ワーズワース詩集』田部重治訳所収、岩波文庫、１９３８年、１３７頁）。

註10　森涼子『グリム童話と森』築地書館、２０１６年、２０４頁。

註11　同上、２０３‐２０４頁以下。

註12　Karl Jaspers: Schicksal und Wille, herausgegeben von Hans Saner, Piper, 1967, S. 16.（カール・ヤスパース『運命と意志』林田新二訳、以文社、１９７２年、１０頁。）

註13　Ibid.（同上、１１頁。）

註14　Ibid., S. 39.（同上、５１頁。）

註15　Ibid., S. 41.（同上、５５頁。）

註16　Ibid., S. 96.（同上、１４５頁。）

註17　Ibid., S. 15.（同上、８‐９頁。）

註18　Karl Jaspers: „Philosophische Autobiographie“ In: Karl Jaspers, herausgegeben von Paul Arthur Schilpp, W. Kohlhammer, 1957, S. 3.（カール・ヤスパース『哲学的自伝』（ヤスパース選集１４）、重田英世訳、理想社、１９６５年、７頁。）

註19　Ibid.（同上、９頁。）

註20　Karl Jaspers: Allgemeine Psychopathologie, Springer, 1913, S. 15.（カール・ヤスパース『精神病理学原論』西丸四方訳、みすず書房、１９７１年、２９頁。）

註21　Karl Jaspers: Vernunft und Widervernunft in unserer Zeit, Piper, 1950, S. 14.（カール・ヤスパース『現代における理性と反理性』（ヤスパース選集３０）、橋本文夫訳、理想社、１９７４年、１４頁。）

註22　Ibid., S. 18.（同上、２２頁。）

註23　Ibid., S. 15.（同上、１５頁。）

註24　Ibid., S. 12.（同上、１１頁。）

註25　Ibid.（同上。）

註26　Ibid., S. 13.（同上、１２頁。）

註27　Ibid., S. 14.（同上、１４頁。）

註28　Karl Marx: Zur Kritik der politischen Ökonomie, Franz Duncker, 1859, S. V.（カール・マルクス『経済学批判』武田隆夫ほか訳、岩波文庫、１９５６年、１３頁。）

註29　Karl Jaspers: Vernunft und Widervernunft in unserer Zeit, Piper, 1950, S. 18.（カール・ヤスパース『現代における理性と反理性』（ヤスパース選集３０）、橋本文夫訳、理想社、１９７４年、２２頁。）

註30　Ibid., S. 17.（同上、２０頁。）

註31　Ibid., S. 20.（同上、２５頁。）

註32　Karl Jaspers: Allgemeine Psychopathologie, Springer, ^{9}1973, S. 647.（カルル・ヤスペルス『精神病理學總論』下巻、内村祐之ほか訳、岩波書店、１９５６年、３２６頁。）

註33　Ibid., S. IV.（カルル・ヤスペルス『精神病理學總論』上巻、内村祐之ほか訳、岩波書店、１９５３年、iv頁。）

註34　Ibid., S. 36.（同上、６２頁。）

註35　Gerd Huber: Psychiatrie. Systematischer Lehrtext für Studenten und Ärzte, F. K. Schattauer, 1974.（ゲルト・フーバー『精神病とは何か』林拓二訳、新曜社、２００５年。）

註36　Gerd Huber: „Die Bedeutung von Karl Jaspers für die Psychatrie der Gegenwart“ In: Karl Jaspers, herausgegeben von Jeanne Hersch / Jan Milič Lochman / Reiner Wiehl, Piper, 1986, S. 183.

註37　Karl Jaspers: „Philosophische Autobiographie“ In: Karl Jaspers, herausgegeben von Paul Arthur Schilpp, W. Kohlhammer, 1957, S. 14.（カール・ヤスパース『哲学的自伝』（ヤスパース選集１４）、重田英世訳、理想社、１９６５年、３３頁。）

註38　Cris Walker: "Karl Jaspers as a Kantian psychopathologist, I" In: History of Psychiatry, vol. 4, no. 14, Sage Publications, 1993, p. 211.

註39　Karl Jaspers: Allgemeine Psychopathologie, Springer, ^{9}1973, S. 36.（カルル・ヤスペルス『精神病理學總論』上巻、内村祐之ほか訳、岩波書店、1953年、63 - 64頁。）

註40　Hans-Georg Gadamer: Philosophische Lehrjahre, Vittorio Klostermann, 1977, S. 201.（ハンス＝ゲオルグ・ガーダマー『哲学修業時代』中村志朗訳、未來社、1982年、245頁。）

註41　Nassir Ghaemi: The Concepts of Psychiatry. A Pluralistic Approach to the Mind and Mental Illness, Johns Hopkins University Press, 2003.（ナシア・ガミー『現代精神医学原論』村井俊哉訳、みすず書房、2009年。）

註42　Karl Jaspers: „Philosophische Autobiographie" In: Karl Jaspers, herausgegeben von Paul Arthur Schilpp, W. Kohlhammer, 1957, S. 18.（カール・ヤスパース『哲学的自伝』（ヤスパース選集14）、重田英世訳、理想社、1965年、43頁。）

註43　Ibid., S. 24.（カール・ヤスパース『哲学的自伝』（ヤスパース選集14）、重田英世訳、理想社、1965年、57頁。）

註44　Karl Jaspers: Max Weber: Eine Gedenkrede, J. C. B. Mohr, 1926, S. 3.（「マックス・ウェーバーの追憶」樺俊雄訳、『マックス・ウェーバー』（ヤスパース選集13）所収、理想社、1965年、119頁。）

註45　Karl Jaspers: „Philosophische Autobiographie" In: Karl Jaspers, herausgegeben von Paul Arthur Schilpp, W. Kohlhammer, 1957, S. 24.（カール・ヤスパース『哲学的自伝』（ヤスパース選集14）、重田英世訳、理想社、1965年、57 - 58頁。）

註46　Karl Jaspers: Einführung in die Philosophie, Artemis, 1950, S. 74.（カール・ヤスパース『哲学入門』林田新二訳、リベルタス、2020年、80頁。）

註47　Karl Jaspers: Allgemeine Psychopathologie, Springer, ^{9}1973, S. 641.（カルル・ヤスペルス『精神病理學總論』下巻、内村祐之ほか訳、岩波書店、1956年、316頁。）

註48　「私たちは、実存主義を、……あらゆる真理は、……人間的な主体性をうちにふくむと宣言する教説だと理解する」(Jean-Paul Sartre: L'existentialisme est un humanisme, Nagel, 1946, p. 12（ジャン＝ポール・サルトル「実存主義はヒューマニズムである」伊吹武彦訳、『実存主義とは何か』所収、白水社、1996年、37頁）)。

註49「実存主義は、神が存在しないということを証明することにおいてつかれはてるという意味で無神論であるわけではない。むしろ、実存主義は、神が存在するとしても何も変わらないということを確認する。そのことがわれわれの見方である。神が存在すると信じるのではなく、問題が神の存在ではないと考えるのである」(ibid., p. 95(同上、81頁))。
註50 Ibid., p. 21.(同上、41頁。)
註51 Karl Jaspers: Philosophie, Bd. 3, Metaphysik, Springer, 1932, S. 228.(カール・ヤスパース『哲学』第3巻『形而上学』鈴木三郎訳、創文社、1969年、263頁。)
註52 Jean-Paul Sartre: L'existentialisme est un humanisme, Nagel, 1946, p. 17-18.(ジャン=ポール・サルトル「実存主義はヒューマニズムである」伊吹武彦訳、『実存主義とは何か』所収、白水社、1996年、39-40頁。)
註53 Ibid., p. 19.(同上、40-41頁。)
註54 Ibid., p. 22.(同上、42頁。)
註55 Ibid., p. 36.(同上、50頁。)
註56 Karl Jaspers: Philosophie, Bd. 1, Philosophische Weltorientierung, Springer, 1932, S. 15.(カール・ヤスパース『哲学』第1巻『哲学的世界定位』武藤光朗訳、創文社、1964年、20頁。)
註57 Karl Jaspers: Einführung in die Philosophie, Artemis, 1950, S. 43.(カール・ヤスパース『哲学入門』林田新二訳、リベルタス、2020年、45頁。)
註58 Karl Jaspers: Philosophie, Bd. 2, Existenzerhellung, Springer, 1932, S. 186.(カール・ヤスパース『哲学』第2巻『実存開明』草薙正夫ほか訳、創文社、1964年、214頁。)
註59 Ibid., S. 196.(同上、225頁。)
註60「私ノ良心ハ、神ノ言葉ニ捕エラレテイル。私ハ、何モ取リ消スコトモデキズ、何モ取リ消ソウトモシナイ。私ノ良心ニ背クコトハ、安全デモナク、完全デモナイカラデアル。われここに立つ。他になしあたわず。神よわれを助けたまえ、アーメン」(Martin Luther: „Verhandlungen mit D. Martin Luther auf dem Reichstag zu Worms" In: Ders.: D. Martin Luthers Werke, Bd.

7, Hermann Böhlaus Nachfolger, 1897, S. 838.（マルチン・ルター「ヴォルムス国会での弁明」、徳善義和編訳『マルチン・ルター』所収、リトン、２００４年、８２‐８３頁）。「最初期の印刷版は、これらの言葉を付け加えた。「われここに立つ。他になしあたわず」。これらの言葉は、現場で記録されていないにもかかわらず、真正であるかもしれない。聴衆がそのとき、感動のあまりに、書くことができなかったかもしれないからである」（Roland H. Bainton: Here I stand, New American Library, 1950, p. 144（ローランド・ベイントン『我ここに立つ』青山一浪ほか訳、聖文舎、１９５４年、２３４頁）。）

註61　Karl Jaspers: Philosophie, Bd. 2, Existenzerhellung, Springer, 1932, S. 196.（カール・ヤスパース『哲学』第2巻『実存開明』草薙正夫ほか訳、創文社、１９６４年、２２５頁。）

註62　Karl Jaspers: Von der Wahrheit, Piper, 1948, S. 165.（カール・ヤスパース『真理について』第1巻（ヤスパース選集３１）、林田新二訳、理想社、１９７６年、３３３頁。）

註63　Karl Jaspers: Philosophie, Bd. 1, Philosophische Weltorientierung, Springer, 1932, S. XXIII.（カール・ヤスパース『哲学』第3巻『形而上学』鈴木三郎訳、創文社、１９６９年、２８４頁。）

註64　Søren Kierkegaard: Die Krankheit zum Tode (Gesammelte Werke, Bd. 8), übersetzt von Hermann Gottsched, Eugen Diederichs, 1911, S. 10.（セーレン・キルケゴール「死に至る病」松浪信三郎訳、『キルケゴール著作集』第１１巻所収、白水社、１９６２年、２０‐２１頁。）

註65　Karl Jaspers: „Der philosophische Glaube angesichts der christlichen Offenbarung“ In: Philosophie und Christliche Existenz. Festschrift für Heinrich Barth. Zum 70. Geburtstag am 3. Februar 1960, herausgegeben von Gerhard Huber, Helbing & Lichtenhahn, 1960, S. 29-30.（カール・ヤスパース「キリスト教の啓示に直面する哲学的信仰」（本書、６１頁）。）

註66　Hannah Arendt / Karl Jaspers: Briefwechsel 1926-1969, herausgegeben von Lotte Köhler / Hans Saner, Piper, 1985, S. 223.（ハンナ・アーレント／カール・ヤスパース『アーレント＝ヤスパース往復書簡１９２６‐１９６９』第1巻、ロッテ・ケーラー／ハンス・ザーナー編、大島かおり訳、２００４年、２１７頁。）

註67　Karl Jaspers: „Die nichtchristlichen Religionen und das Abendland“ In: Ders.: Philosophie und Welt, Piper, 1958, S. 162.（カール・

ヤスパース「非キリスト教的諸宗教と西洋」重田英世訳、『哲学と世界』（ヤスパース選集２４）所収、理想社、１９６８年、１３６ - １３７頁。）

註68 Karl Jaspers: „Antwort" In: In: Karl Jaspers, herausgegeben von Paul Arthur Schilpp, W. Kohlhammer, 1957, S. 777.

註69 Martin Luther: „Von der Freiheit eines Christenmenschen" In: Ders.: D. Martin Luthers Werke, Bd. 7, Hermann Böhlaus Nachfolger, 1897, S. 24.（マルティン・ルター『キリスト者の自由』徳善義和訳、教文館、２０１１年、２４頁。）

註70 Ibid., S. 20.（同上、１５頁。）

註71 Ibid., S. 29-30.（同上、３５ - ３６頁。）

註72 徳善義和「注解」、マルティン・ルター『キリスト者の自由』所収、教文館、２０１１年、１２８頁。

註73 Karl Jaspers: Philosophie, Bd. 2, Existenzerhellung, Springer, 1932, S. 185.（カール・ヤスパース『哲学』第2巻『実存開明』草薙正夫ほか訳、創文社、１９６４年、１８５頁。）

註74 Ibid., S. 195.（同上、２２５頁。）

註75 Werner Schüßler: Jaspers zur Einführung, Junius, 1995, S. 81.（ヴェルナー・シュスラー『ヤスパース入門』岡田聡訳、月曜社、２０１５年、１０９頁。）

註76 Augustin: Soliloquia I 2, 7.（アウグスティヌス「ソリロキア」、『アウグスティヌス著作集』第1巻所収、清水正照訳、教文館、１９７９年、３３９頁。）

註77 Karl Jaspers: „Über meine Philosophie" In: Ders.: Rechenschaft und Ausblick, Piper, 1951, S. 346.（カール・ヤスパース「私の哲學について」草薙正夫訳、『現代の精神的課題』所収、新潮社、１９５５年、１５３頁。）

註78 Hans Saner: Jaspers, Rowohlt, 1970, S. 45.（ハンス・ザーナー『ヤスパース』重田英世訳、理想社、１９７３年、５４頁。）

註79 Ibid., S. 48.（同上、６０頁。）

註80 カール・ヤスパース「人間の自由の未来のために：武藤光朗との対話」吉田正己訳、『根源的に問う』所収、読売新聞社、１９７０年、４１０頁。

註81　ロベルト・シンチンガー「田邊センセイの想い出」加藤泰義訳、『田辺元全集』第６巻月報所収、筑摩書房、１９６３年、７頁。

註82　Karl Jaspers: „Von der biblischen Religion“ In: Die Wandlung, Jg. 1, Ht. 5, Carl Winter, 1946, S. 407.（カール・ヤスパース「聖書宗教について」（本書、１９９頁）。）

註83　Karl Jaspers: „Antwort“ In: Karl Jaspers, herausgegeben von Paul Arthur Schilpp, W. Kohlhammer, 1957, S. 830.

註84　Karl Jaspers: „Philosophische Autobiographie“ In: Karl Jaspers, herausgegeben von Paul Arthur Schilpp, W. Kohlhammer, 1957, S. 62.（カール・ヤスパース『哲学的自伝』（ヤスパース選集１４）、重田英世訳、理想社、１９６５年、１４２-１４３頁。）

註85　Karl Jaspers: Philosophie, Bd. 1, Philosophische Weltorientierung, Springer, 1932, S. 248（２回）（カール・ヤスパース『哲学』第１巻『哲学的世界定位』武藤光朗訳、創文社、１９６４年、２９４頁）; Philosophie, Bd. 3, Metaphysik, Springer, 1932, S. 67, 72.（『哲学』第３巻『形而上学』鈴木三郎訳、創文社、１９６９年、７５、８２頁。）

註86　Karl Jaspers: Philosophie, Bd. 1, Philosophische Weltorientierung, Springer, 1932, S. 182（カール・ヤスパース『哲学』第１巻『哲学的世界定位』武藤光朗訳、創文社、１９６４年、２１７頁）; Philosophie, Bd. 2, Existenzerhellung, Springer, 1932, S. 402.（『哲学』第２巻『実存開明』草薙正夫ほか訳、創文社、１９６４年、４５３頁。）

註87　Karl Jaspers: Der philosophische Glaube, Artemis, 1948.（カール・ヤスパース『哲学的信仰』林田新二監訳、理想社、１９９８年。）

註88　「エレミヤ書」４５：０４-０５。

註89　Karl Jaspers: Die Schuldfrage, Lambert Schneider, 1946, S. 105.（カール・ヤスパース『われわれの戦争責任について』橋本文夫訳、ちくま学芸文庫、２０１５年、２１０頁。）

註90　Julius Izhak Loewenstein: „Das Judentum in Jaspers’ Denken“ In: Karl Jaspers, herausgegeben von Paul Arthur Schilpp, W. Kohlhammer, 1957, S. 388.

註91　Karl Jaspers: Philosophie, Bd. 3, Metaphysik, Springer, 1932, S. 236.（カール・ヤスパース『哲学』第３巻『形而上学』鈴木三郎訳、創文社、１９６９年、２７２頁。）

註92　Hans Saner: Jaspers, Rowohlt, 1970, S. 120.（ハンス・ザーナー『ヤスパース』重田英世訳、理想社、１９７３年、１５２頁。）

註93　たとえば、Karl Jaspers: Allgemeine Psychopathologie, Springer, [4]1946, S. 638.（カルル・ヤスペルス『精神病理學總論』下巻、内村祐之ほか訳、岩波書店、１９５６年、３１０頁。）

註94　Julius Izhak Loewenstein: „Das Judentum in Jaspers' Denken" In: Karl Jaspers, herausgegeben von Paul Arthur Schilpp, W. Kohlhammer, 1957, S. 388.

註95　Claus Uwe Hommel: Chiffer und Dogma, EVZ-Verlag, 1968, S. 69.

註96　Karl Jaspers: „Der philosophische Glaube angesichts der christlichen Offenbarung" In: Philosophie und Christliche Existenz. Festschrift für Heinrich Barth. Zum 70. Geburtstag am 3. Februar 1960, herausgegeben von Gerhard Huber, Helbing & Lichtenhahn, 1960, S. 29-30.（カール・ヤスパース「キリスト教の啓示に直面する哲学的信仰」（本書、３２頁）。）

註97　Karl Jaspers: Der philosophische Glaube angesichts der Offenbarung, Piper, 1962, S. 494.（カール・ヤスパース『啓示に面しての哲学的信仰』重田英世訳、創文社、１９８６年、５３８頁。）

註98　Karl Jaspers: „Von der biblischen Religion" In: Die Wandlung, Jg. 1, Ht. 5, Carl Winter, 1946, S. 409.（カール・ヤスパース「聖書宗教について」（本書、２０２‐２０３頁）。）

註99　Ibid., S. 410.（同上、２０５頁。）

註100　Ibid.（同上。）

註101　Karl Jaspers: Der philosophische Glaube angesichts der Offenbarung, Piper, 1962, S. 500.（カール・ヤスパース『啓示に面しての哲学的信仰』重田英世訳、創文社、１９８６年、５４４頁。）

註102　Karl Jaspers / Rudolf Bultmann: Die Frage der Entmythologisierung, Piper, 1954, S. 113.（カール・ヤスパース／ルドルフ・ブルトマン『聖書の非神話化批判』（ヤスパース選集７）、西田康三訳、理想社、１９６２年、１７０‐１７１頁。）

註103　Rudolf Bultmann: „Neues Testament und Mythologie" In: Kerygma und Mythos, herausgegeben von Hans-Werner Bartsch, Bd. 1, Reich & Heidlich, 1948, S. 15.（ルドルフ・ブルトマン『新約聖書と神話論』山岡喜久男訳、新教出版社、１９８０年、１１頁。）

註104 Ibid., S. 24.（同上、２９頁。）

註105 Ibid., S. 23.（同上、２８頁。）

註106 Ibid., S. 39.（同上、６４頁。）

註107 Ibid., S. 40.（同上。）

註108 Ibid., S. 41-42.（同上、６８頁。）

註109 Karl Jaspers / Rudolf Bultmann: Die Frage der Entmythologisierung, Piper, 1954, S. 81-82.（カール・ヤスパース／ルドルフ・ブルトマン『聖書の非神話化批判』（ヤスパース選集７）、西田康三訳、理想社、１９６２年、１２１頁。）

註110 そのつどいま・ここで生きる実存という場からの神学。実存論的神学。「キリストの十字架を信じることは、客観的に見られる出来事をまなざすことではない。それは、キリストとともに十字架にかけられることである。……十字架は、私たちが回顧する過去の出来事ではない。……それは、信仰者にとってはつねに現在である」（Rudolf Bultmann: „Neues Testament und Mythologie“ In: Kerygma und Mythos, herausgegeben von Hans-Werner Bartsch, Bd. 1, Reich & Heidlich, 1948, S. 46.（ルドルフ・ブルトマン『新約聖書と神話論』山岡喜久男訳、新教出版社、１９８０年、７９頁））。

註111 Karl Jaspers / Rudolf Bultmann: Die Frage der Entmythologisierung, Piper, 1954, S. 103.（カール・ヤスパース／ルドルフ・ブルトマン『聖書の非神話化批判』（ヤスパース選集７）、西田康三訳、理想社、１９６２年、１５５頁。）

註112 Ibid., S. 81.（同上、１２０頁。）

註113 Fritz Buri: „Entmythologisierung oder Entkerygmatisierung der Theologie“ In: Kerygma und Mythos, herausgegeben von Hans-Werner Bartsch, Bd. 2, Reich & Heidlich, 1952, S. 94.（フリッツ・ブーリ「神学の非神話化か非ケリュグマ化か」岡田聡訳、『哲学世界』第４３号所収、早稲田大学大学院文学研究科人文科学専攻哲学コース、２０２０年、２９頁。）

註114 Ibid., S. 97.（同上、３３頁。）

註115 Ibid.（同上。）

註116 Fritz Buri: Theologie der Existenz, Paul Haupt, 1954, S. 26.（フリッツ・ブーリ『実存の神学』岡田聡訳、ヨベル、２０２０年、

34頁。）

註117　Ibid., S. 35.（同上、46頁。）

註118　Karl Jaspers: Philosophie, Bd. 3, Metaphysik, Springer, 1932, S. 168.（『哲学』第3巻『形而上学』鈴木三郎訳、創文社、1969年、191頁。）

註119　Werner Schüßler: „Der absolut transzendente Gott" In: Jahrbuch der Österreichischen Karl-Jaspers-Gesellschaft, Bd. 5, Studien Verlag, 1992, S. 38;「神への道が複数あるということだけを語っても個人の救いには何の益があるのだろうか」（松田央『キリスト論』南窓社、2000年、84頁。）

註120　Karl Jaspers: „Antwort" In: Karl Jaspers, herausgegeben von Paul Arthur Schilpp, W. Kohlhammer, 1957, S. 821.

ヤスパース略年譜

1883年 ドイツ、オルデンブルクで生まれる。
1908年 博士学位取得。
1913年 教授資格取得。『精神病理学総論』初版
1919年 『世界観の心理学』
1922年 ハイデルベルク大学正教授。『ストリンドベリとファン・ゴッホ』
1926年 『マックス・ヴェーバー追悼演説』
1932年 『哲学』（第1巻『哲学的世界定位』、第2巻『実存照明』、第3巻『形而上学』）
1937年 教職追放。
1938年 出版禁止。
1941年 「私の哲学について」（初出）
1945年 大学復職。
1946年 『精神病理学総論』4版、『罪責論』、「聖書宗教について」
1947年 『真理について』
1948年 バーゼル大学正教授。『哲学的信仰』
1949年 『歴史の起源と目標』
1950年 『哲学入門』、『現代における理性と反理性』
1954年 『非神話化の問題』、「非キリスト教的宗教と西洋」（初出）

1957年　『大哲学者たち』、「哲学的自伝」、「回答」
1960年　「キリスト教の啓示に直面する哲学的信仰」
1961年　定年退官。
1962年　『啓示に直面する哲学的信仰』
1967年　『運命と意志』
1969年　スイス、バーゼルで亡くなる。
1973年　『精神病理学総論』9版
1985年　『アーレント＝ヤスパース往復書簡』

訳者あとがき

本書は、以下の全訳である。

1 Karl Jaspers: „Der philosophische Glaube angesichts der christlichen Offenbarung" In: Philosophie und Christliche Existenz. Festschrift für Heinrich Barth. Zum 70. Geburtstag am 3. Februar 1960, herausgegeben von Gerhard Huber, Helbing & Lichtenhahn, 1960, S. 1-92.（「キリスト教の啓示に直面する哲学的信仰」。以下、PGcO。）

訳出にさいして、以下を参照した。

2 Karl Jaspers: „Der philosophische Glaube angesichts der christlichen Offenbarung“ In: Ders.: Der philosophische Glaube angesichts der Offenbarung (Karl Jaspers Gesamtausgabe, Bd. I / 13), herausgegeben von Bernd Weidmann, Schwabe, 2016, S. 1-93.（1の全集版。）

3 Karl Jaspers: Der philosophische Glaube angesichts der Offenbarung, Piper, 1962.（1に加筆・書き換え・削除がなされたもの。『啓示に直面する哲学的信仰』。以下、PGO。）

4 Karl Jaspers: For philosophique ou foi chrétienne, traduit par Marcel Méry, Ophrys, 1975.（1の仏訳。）

5 Karl Jaspers: Philosophical faith and revelation, translated by Ernst Basch Ashton, Colling, 1967.（3の英訳。）

6 Karl Jaspers: La foi philosophique face à la révélation, traduit par Pierre Kamnitzer, Plon, 1973.（3の仏訳。）

7 カール・ヤスパース『啓示に面しての哲学的信仰』重田英世訳、創文社、1986年。（3の邦訳。）

まず、3のタイトルにおいて削除された「キリスト教の／キリスト教的（christlich）」について述べたい。3の『啓示に直面する哲学的信仰』においては、キリスト教の啓示についてのみならず、キリスト教的な性格をもつ啓示についても論じられているのに対して、1においては議論がキリスト教の啓示に限定されている。したがって、1は「キリスト教の啓示に直面する哲学的信仰」と訳した。また、「面しての」と訳されてきたangesichtsは、一般的な日本語ではないことに鑑み、「直面する」と訳した。

従来、「哲学的信仰」についてのヤスパースの著作としては、1948年の『哲学的信仰』[註1]と1962年の『啓示に直面する哲学的信仰』が読まれてきた。あまり知られていないことであるが、ハインリヒ・バルト古希記念論集のために書かれた１９６０年の「キリスト教の啓示に直面する哲学的信仰」に加筆・書き換え・削除がなされたものが、１９６２年の『啓示に直面する哲学的信仰』である。（なお、本書、付録1の１９４６年の「聖書宗教について」[註2]に加筆・書き換え・削除がなされたものが、１９４８年の『哲学的信仰』である。）

訳註69で書いたように、超越的なものの一義的・固定的な啓示を多義的・浮動的な暗号として理解することにより、啓示信仰を変革することが、本書の中心的な主張である。興味深いことに、「暗号」という単語は、「聖書宗教について」では2回、『哲学的信仰』では6回、しかも啓示信仰の変革という文脈においてではなく、用いられているにすぎない。「暗号」という概念は、本書においてはじめて、啓示信仰を批判するために、転用されたのである。

啓示信仰の批判は、それと哲学的信仰の区別や明確化のためにもなされたと考えられる。１９４８年の『哲学的信仰』において、哲学的信仰の概念は定式化された[註3]。しかし、そのことは、啓示信仰と哲学的信仰の混同を招きもした[註4]。たとえば、ヤスパースの弟子の一人、ゴーロ・マン。「哲学は、ヤスパースにとっては、……宗教の入口となった。彼が哲学的信仰と呼ぶものは、形式や教義に従えば違うとしても、実体においては、キリスト教信仰である[註5]」。それに対して、ヤスパースは答える。「私は、一度も、また、こんにちでも、哲学を教会的宗教への入口と見なしたことはない」[註6]。

さて、訳出をくわだてた理由は、右記の2の全集版への不満である。もちろん、詳しい註が付されるなど、学ぶところ多であるが、訳者が期待していた、１から３への「加筆・書き換え・削除」についての言及が、ほとんどなされていない。ヤスパースは、次のように書いている。「私の本［右記３］

に取り組んでいます。ハインリヒ・バルト記念論集のもの［右記1］は、拙速、未完成であり、文章も大部分が不完全(シュレヒト)です」[註7]。本書では、段落単位であるが、3において、部分的に加筆・書き換え・削除がなされつつも、残されている箇所を、［PGO］で示した。また、3において削除がなされた箇所を、太字で示した。

最も大きな違いは、啓示信仰への肯定的な態度の後退であろう。1の「キリスト教の啓示に直面する哲学的信仰」第3章第g節「啓示信仰の尊重、――しかし様々な条件のもとで」が、3の『啓示に直面する哲学的信仰』では、ほぼまるごと削除されている。1では、Respekt（尊重）、respektieren（尊重する）、Respektierung（尊重）が、16回用いられているのに対して、3では、全体の分量が4倍強になったにもかかわらず、6回用いられているにすぎない。しかも、啓示信仰の尊重という文脈においては、PGO 256、317、502、506の4回である。

啓示信仰への肯定的な態度の後退には、どのような理由があるのであろうか。『啓示に直面する哲学的信仰』で、次のように言われている。「最近（vor kurzem）、私は、カール・バルトの文章を目にした」（PGO 485）。

私の名前は挙げられないが、いずれにせよ、私の著作が考えられていると、私は思わざるをえない。……「……かの、空虚で、不毛で、根本的に非常に退屈な、いわゆる「超越者」……」［註8］……。……私の著作への決定的な非難は、私が、暗号によって、空虚なものや不毛なものを考えている、ということである。……15世紀以来の日本のある宗派［すなわち浄土真宗］について、

――プロテスタンティズムと部分的に不思議議に類似的なその立場を、見事に記述しているのだが――、バルトは結局、それらの立場は、やはり、哀れな迷える異教徒（フェアローレン）にとどまる、と述べている［註9］。（PGO 485-487）

一方で、「宗教間の真理と虚偽について、一つのことだけが断を下す。この一つのこととは、イエス・キリストの名である」［註10］と述べるバルトと、他方で、「神は、使徒が教えるのとはちがい、キリストを経る道でだけ、到達されうるわけではない。神に、人間は、キリスト信仰なしでも、至る」（PGO 503）と述べるヤスパース。

右記の「最近（vor kurzem）」とは、一般的に、２・３日前、２・３週前のことである。ヤスパースは、１９６０年の「キリスト教の啓示に直面する哲学的信仰」から１９６２年の『啓示に直面する哲学的信仰』への移行期に、この「文章を目にした」のではないだろうか。全集版の編者によれば、「内容にかんして、ヤスパースは、記念論文を殆ど何も変更しなかった」［註11］。確かに、ヤスパースは、次のように書いている。「……内容にかんして、私は、……述べたことに満足しています」［註12］。しかし、訳者は、右記のような微妙であるが看過できない相違があると考えている。詳しい検討は別稿に譲りたい。

＊

最後に、本書と「世界哲学」の関係について述べたい。近年、日本の哲学界において、世界哲学について議論されている。日本学術会議シンポジウム「世界哲学の可能性」（2019年）や、ちくま新書『世界哲学史』（2020年）などであり、実存思想協会でも25年の大会のテーマとなることが予定されている。近年議論されている世界哲学の着想の源泉は、1930年代来のヤスパースの「世界哲学」や、その構想の一環をなす「基軸時代」にある[註13]。「私たちは、西洋哲学のたそがれから世界哲学のあけぼのへの途上にいる」[註14]。

紀元前800年から紀元前200年ころ（より限定的には紀元前500年ころ）にある基軸時代とは、孔子や老子（中国）、仏陀（印度）、ザラスシュトラ（イラン）、預言者（パレスチナ）、ホメロスや哲学者（ギリシア）などの人たちが現れて、いわば人間が精神的に覚醒した時代である。「基軸時代の事態を実際に見て取ること、それを自己の普遍的な歴史像の地盤として獲得すること、そのことは、全人類に、――信仰の一切の相違を超えて――、共通するものを、獲得することである」[註15]。

紀元前5世紀ころを歴史の中心とする基軸時代論は、一面では、紀元1年＝キリストを歴史の中心とする西洋的＝キリスト教的歴史観への批判である。「キリスト教信仰は、一個の信仰であり、人類の信仰でない。欠点は、普遍的歴史のそのような見解は、敬虔なキリスト教徒に対してだけ重みをもつ、ということである」[註16]。

確かに、本書は、それ自体としては、「世界哲学」についてのものではない。しかし、そのような「世界哲学的な観点からの」キリスト教批判と理解することもできる。と同時に、哲学的信仰論は、キリスト教や、ユダヤ教、イスラムと同一ではないが、それらを包括している聖書宗教から、キリスト教を捉え直し活し直す試みでもある。「私たち西洋の人間存在の将来を決するのは、結局、聖書信仰への私たちの信仰の関係にある、ということは、確かであるように思われる」[註17]。

ヤスパースによれば、「私たちは、印度と東アジアの宗教との比較にさいして、聖書宗教における私たちの特有の根拠に気づく」[註18]。「聖書と並ぶふたつの別の偉大な宗教の圏域」[註19]の理解と聖書宗教の理解が相互に補完的に作用し深まることにより、それらを包み込むという構想、基軸時代が成立してきた、といえるのではないであろうか。

＊

鎌倉女子大学に席を得て、恵まれた研究環境にありながら、訳者の力不足のため、遅々とした訳業となりました。しかし、ここに一応の完成をみました。これからも、変わらず学び続けたいと思います。

最後になりましたが、出版をお引き受けいただいた作品社・福田隆雄さん、訳出にさいしてご助言いただいた佐藤真理人先生とヴェルナー・シュスラー先生に、心より深く感謝申し上げます。

２０２４年１１月

訳者　岡田聡

追記　「すべて」と「全て」、「いたる」と「至る」など、必ずしも表記を統一していない。これは訳者の日本語感の問題である。ご容赦を願いたい。

註

註１　Karl Jaspers: Der philosophische Glaube, Artemis, 1948.（カール・ヤスパース『哲学的信仰』林田新二監訳、理想社、１９９８年。）

註２　Karl Jaspers: „Von der biblischen Religion“ In: Die Wandlung, Jg. 1, Ht. 5, Carl Winter, 1946, S. 406-413.（カール・ヤスパース「聖書宗教について」（本書、付録１）。）

註３　Karl Jaspers: „Philosophische Autobiographie“ In: Karl Jaspers, herausgegeben von Paul Arthur Schilpp, W. Kohlhammer, 1957, S. 67.（カール・ヤスパース『哲学的自伝』（『ヤスパース選集』第１４巻）、重田英世訳、理想社、１９６５年、１５４頁。）

註４　Vgl. Bernd Weidmann: „Einleitung des Herausgebers“ In: Karl Jaspers: Der philosophische Glaube angesichts der Offenbarung (Karl Jaspers Gesamtausgabe, Bd. I/13), herausgegeben von Bernd Weidmann, Schwabe, 2016, S. LVII.

註５　Golo Mann: „Freiheit und Sozialwissenschaft“ In: Karl Jaspers, herausgegeben von Paul Arthur Schilpp, W. Kohlhammer, 1957, S. 554.

註６　Karl Jaspers: „Antwort“ In: Karl Jaspers, herausgegeben von Paul Arthur Schilpp, W. Kohlhammer, 1957, S. 830.

註７　１９６２年３月１８日、アーレント宛書簡。Hannah Arendt / Karl Jaspers: Briefwechsel 1926-1969, herausgegeben von Lotte Köhler / Hans Saner, Piper, 1985, S. 508.（ハンナ・アーレント／カール・ヤスパース『アーレント＝ヤスパース往復書簡１９２６‐１９６９』第３巻、ロッテ・ケーラー／ハンス・ザーナー編、大島かおり訳、２００４年、８頁。）

註８　Karl Barth: Die kirchliche Dogmatik, Bd. 3, Die Lehre von der Schöpfung, Tl. 4, EVZ-Verlag, 1951, S. 549.（カール・バルト『教

会教義学』第４巻「創造論」４／３、吉永正義訳、１９８０年、５４９頁。）

註９　Karl Barth: Die kirchliche Dogmatik, Bd. 1, Die Lehre von Wort Gottes, Tl. 2, Theologischer Verlag Zürich, 1938, S. 372-377.（カール・バルト『教会教義学』第１巻「神の言葉」２／２、吉永正義訳、１９７６年、２６１‐２６９頁。）

註10　Karl Barth: Die kirchliche Dogmatik, Bd. 1, Die Lehre von Wort Gottes, Tl. 2, Theologischer Verlag Zürich, 1938, S. 376.（カール・バルト『教会教義学』第１巻「神の言葉」２／２、吉永正義訳、１９７６年、２６７頁。）

註11　Bernd Weidmann: „Einleitung des Herausgebers“ In: Karl Jaspers: Der philosophische Glaube angesichts der Offenbarung (Karl Jaspers Gesamtausgabe, Bd. I / 13), herausgegeben von Bernd Weidmann, Schwabe, 2016, S. LXIII.

註12　１９６０年７月３０日、ピーパー宛書簡。Karl Jaspers: Ausgewählte Korrespondenzen mit dem Piper Verlag und Klaus Piper 1942-1968 (Karl Jaspers Gesamtausgabe, Bd. III / 8. 2), herausgegeben von Dirk Fonfara, Schwabe, 2020, S. 369.

註13　Karl Jaspers: Vom Ursprung und Ziel der Geschichte, Piper, 1949.（カール・ヤスパース『歴史の起源と目標』（『ヤスパース選集』第９巻）、重田英世訳、理想社、１９６４年。）

註14　Karl Jaspers: „Philosophische Autobiographie“ In: Karl Jaspers, herausgegeben von Paul Arthur Schilpp, W. Kohlhammer, 1957, S. 69.（カール・ヤスパース『哲学的自伝』（『ヤスパース選集』第１４巻）、重田英世訳、理想社、１９６５年、１５９頁。）

註15　Karl Jaspers: Vom Ursprung und Ziel der Geschichte, Piper, 1949, S 40.（カール・ヤスパース『歴史の起源と目標』（『ヤスパース選集』第９巻）、重田英世訳、理想社、１９６４年、５２頁。）

註16　Karl Jaspers: Vom Ursprung und Ziel der Geschichte, Piper, 1949, S 19.（カール・ヤスパース『歴史の起源と目標』（『ヤスパース選集』第９巻）、重田英世訳、理想社、１９６４年、２１頁。）

註17　Karl Jaspers: Vom Ursprung und Ziel der Geschichte, Piper, 1949, S 281.（カール・ヤスパース『歴史の起源と目標』（『ヤスパース選集』第９巻）、重田英世訳、理想社、１９６４年、４１３頁。）

註18　Karl Jaspers: Der philosophische Glaube, Artemis, 1948, S. 37.（カール・ヤスパース『哲学的信仰』林田新二監訳、理想社、１９９８年、５５頁。）

註19　Karl Jaspers: Der philosophische Glaube, Artemis, 1948, S. 99.（カール・ヤスパース『哲学的信仰』林田新二監訳、理想社、１９９８年、１３７頁。）

（Speziellen Dank an Y., A., R. und M.）

［マ行］

［ヤ行］

［ラ行］

人名索引

本書と付録1を／で区切る。

[ア行]

[カ行]

[サ行]

[タ行]

[ナ行]

[ハ行]

[著者]
カール・ヤスパース（Karl Jaspers）
ドイツの精神医学者、哲学者。1883年生。長じて精神医学を修めて、ハイデルベルク大学で1908年に博士学位、1913年に教授資格を取得。1922年、哲学部正教授に就任。妻がユダヤ系のため、1937年、ナチスにより強制退職。1938年出版禁止。戦後の1945年復職。1948年、スイス、バーゼル大学に転じ、1961年定年退官。1969年没。著作に、『精神病理学総論』（1913年、新版1946年）、『世界観の心理学』（1919年）、『哲学』（1932年）、『理性と実存』（1935年）、『罪責論』（1946年）、『真理について』（1947年）、『哲学的信仰』（1948年）、『歴史の起源と目標』（1949年）、『哲学入門』（1950年）、『大哲学者たち』（1957年）、『啓示に直面する哲学的信仰』（1962年）などがある。現在、スイス、シュヴァーベ社から、『カール・ヤスパース全集（Karl Jaspers Gesamtausgabe）』が刊行中。

[訳者]
岡田聡（おかだ・さとし）
1981年生。鎌倉女子大学講師。駿台予備学校出身。早稲田大学大学院文学研究科博士後期課程修了。博士（文学）。早稲田大学助手、トリア大学留学、日本学術振興会特別研究員PD、立教大学兼任講師などを経て、現職。著書：『ヤスパースとキリスト教：20世紀ドイツ語圏のプロテスタント思想史において』（新教出版社、2019年）など。論文：„Philosophie und / oder Theologie der Existenz. Karl Jaspers und Fritz Buri: Stationen einer Begegnung“ In: Jahrbuch der Österreichischen Karl-Jaspers-Gesellschaft, Jg. 29, Studien Verlag, 2016, S. 161-179など。翻訳：ヴェルナー・シュスラー『ヤスパース入門』（月曜社、2015年）など。

キリスト教の啓示に直面する哲学的信仰

2024年12月15日初版第1刷印刷
2024年12月25日初版第1刷発行

著者――カール・ヤスパース
訳者――岡田聡

発行者――福田隆雄
発行所――株式会社作品社
〒102-0072 東京都千代田区飯田橋 2-7-4
Tel 03-3262-9753　Fax 03-3262-9757
https://www.sakuhinsha.com
振替口座 00160-3-27183

本文組版――有限会社吉夏社
装丁――小川惟久
印刷・製本―シナノ印刷（株）

ISBN978-4-86793-065-6 C0010

田川建三訳著

新約聖書　訳と註

全7巻［全8冊］

【第一巻】マルコ福音書／マタイ福音書

【第二巻】上 ルカ福音書

下 使徒行伝

【第三巻】パウロ書簡　その一

【第四巻】パウロ書簡　その二／擬似パウロ書簡

【第五巻】ヨハネ福音書

【第六巻】公同書簡／ヘブライ書

【第七巻】ヨハネの黙示録